全国中等职业技术学校**物业管理与维修**专业教材

WUYE GUANLI GAILUN

安静　许文芬　主编

物业管理概论

（第二版）

人力资源和社会保障部教材办公室组织编写

中国劳动社会保障出版社

图书在版编目(CIP)数据

物业管理概论/安静，许文芬主编. —2 版. —北京：中国劳动社会保障出版社，2014

全国中等职业技术学校物业管理与维修专业教材

ISBN 978-7-5167-1543-7

Ⅰ.①物… Ⅱ.①安…②许… Ⅲ.①物业管理-中等专业学校-教材 Ⅳ.①F293.33

中国版本图书馆 CIP 数据核字(2014)第 273722 号

中国劳动社会保障出版社出版发行

(北京市惠新东街 1 号 邮政编码：100029)

*

北京宏伟双华印刷有限公司印刷装订 新华书店经销

787 毫米×1092 毫米 16 开本 8.5 印张 158 千字

2014 年 11 月第 2 版 2024 年 5 月第 5 次印刷

定价：16.00 元

营销中心电话：400-606-6496

出版社网址：http://www.class.com.cn

http://jg.class.com.cn

前　言

全国中等职业技术学校物业管理与维修专业教材自出版以来，在中等职业技术学校教学中发挥了重要作用，受到了广大师生的好评。近年来，随着国民经济的发展和城市建设的加快，我国物业管理行业进入了一个新的发展阶段，物业企业的运营模式、服务流程、管理质量等不断向标准化、专业化、信息化的方向发展。为了培养更加适合物业企业需求的中级技能人才，我们组织一批教学经验丰富、实践能力强的教师与行业、企业的专家，在充分调研的基础上，对第一版教材进行了修订和补充。

本次修订的教材包括：《物业管理概论（第二版）》《房地产概论（第二版）》《公共关系实务（第二版）》《物业环境管理（第二版）》《给排水设备管理与维修（第二版）》《暖通空调设备管理与维修（第二版）》《物业电工（第二版）》。在修订教材的同时，我们还针对教学实际需求，新开发了《楼宇智能化设备应用》和《房屋维修与管理》。

本次教材修订（开发）工作的重点主要体现在以下几个方面：

第一，突出教材的实用性。根据物业企业的工作实际和物业管理员国家职业标准，调整了相关教材的结构和内容，本着“学以致用”的原则，突出对学生实际操作能力的培养。

第二，突出教材的先进性。根据物业企业的现状和发展趋势，在教材中尽可能多地体现了新设备、新技术、新方法，以期缩短学校教育和企业岗位需求的距离。

第三，突出教材的可读性。在教材编写上，力求文字表达通俗易懂，并较多地采用以图代文、以表代文的表现形式，以降低学生的学习难度，激发学生的学习兴趣。

第四，突出教材的易用性。本套教材配有电子教案，便于教师教学工作的开展，以达到优化课堂教学结构、提高课堂教学效率的目的。

本套教材的编写工作得到了有关省、市人力资源和社会保障部门以及一批中等职业技术学校的大力支持，教材编审人员做了大量的工作，在此，我们表示衷心的感谢。同时，恳切希望广大读者对教材提出宝贵的意见和建议。

人力资源和社会保障部教材办公室

简　介

本书根据中等职业技术学校物业管理与维修专业的教学实际，由人力资源和社会保障部教材办公室组织编写。

本书针对中职学生的认知特点，深入浅出、简明扼要地讲授了物业管理的基本知识，主要内容包括：物业管理概述、物业管理机构、物业基础管理、物业综合管理、不同类型物业管理、物业商务管理等。

本书由安静、许文芬任主编，宋运霞审稿。

目 录

第1章　物业及物业管理

物业管理作为房地产市场的消费环节，是在房地产开发经营中为完善市场机制而逐步建立起来的一种综合性经营服务方式。通常所说的物业是指单元性的房地产，即已建成并投入使用的各类房屋及其配套设施设备和场地。其中，各类房屋是指住宅小区、别墅、写字楼、商业大厦、宾馆、饭店、工业厂房、仓库等；配套设施设备是指房屋内外各类设备、公共市政设施；场地是指和房屋相邻的庭院、绿地、道路等。

一、物业的类型

1. 居住物业

居住物业也称为住宅物业，是指具备居住功能，供人们生活居住的建筑，包括住宅小区、单体住宅楼、公寓、别墅、度假村等。

2. 商业物业

商业物业是指用于办公、商业活动、文娱活动的建筑，包括写字楼、商业中心等。

（1）写字楼

写字楼是指供各种政府机构的行政管理人员和企事业单位的职员办理行政事务和从事业务活动的楼宇建筑。

（2）商业中心

商业中心是指能同时供众多零售商和其他商业服务机构租赁，用于从事各种经营服务活动的大型收益性物业建筑。

3. 工业物业

工业物业是指以生产活动为目的而开发建设的物业，包括工业厂房、高新技术产业用房、研究与发展用房（又称工业写字楼）、仓储用房等。

4. 其他用途物业

除上述类型以外的物业称为其他用途物业，这类物业包括体育馆、车站、机场、医院、学校等。

二、物业的特点

物业的建筑物、构筑物及其配套设施必然依附于一定的地块，具有不可移动的固定性特点。

物业的类型较多，规格各不相同，使用年限较长，具有多样性和耐久性的特点。

不同类型的物业不仅包括相关的物质实体，也包括依托于物质实体上的权益，物业的所有权不是一项单项权利，而是一个权利束，拥有多项权能，如租售、抵押等，形成一个完整的、抽象的权利体系，各项权利可以以不同形式组合，也可以相互分离，单独行使享有，使得物业具有权益性的特点。

不同类型的物业不但具有不同的使用价值，还具有保值、增值的特点，尤其在人口密集、可用土地较少和人口逐渐增多的大、中城市，物业的高值性体现得越来越明显。

三、物业管理的含义和类型

1. 物业管理的含义

物业管理是指专业化的机构受业主的委托，依照合同或契约，以经营方式统一管理物业，为业主或物业使用人提供综合性的有偿服务，使物业发挥其使用价值，并使物业尽可能地保值、增值。对于物业管理的含义可以从以下几个方面加深理解：

（1）实施物业管理必须是具有法人资格并经政府有关部门注册认可的专业组织。

（2）物业管理的对象是物业，其服务的对象是业主，物业管理所提供的服务是有偿服务，通过合理收费实现以业养业。

（3）物业管理所提供的劳务和服务能起到完善物业的使用效能，并使物业具有保值、增值的作用。

（4）物业管理的内容多种多样，业务涉及的范围相当广泛，属于多功能全方位的综合管理。

（5）物业管理是具有中介性质的管理，通过一定的契约规定相关各方的权利和义务。

2. 物业管理的类型

按照受托业务可以将物业管理分为委托服务型和租赁经营型两种：

（1）委托服务型物业管理

委托服务型物业管理是房地产开发商将开发建成的物业出售给用户，一次性收回投资并获取利润，然后委托物业服务企业对物业进行管理，完善其售后服务。这里所说的“委托”分两种情况：

1）开发商自己组建物业服务企业，对所出售的物业进行管理。

2）开发企业以招标的方式委托专业物业服务企业，对已出售的物业进行管理。

（2）租赁经营型物业管理

租赁经营型物业管理是指房地产开发商建成房屋后并不出售，而是交由委托的物业服务企业进行经营管理，通过租金收回投资，获取利润。这种物业服务企业对物业的管理不仅是日常的维修养护工作，更主要的是对所管物业的出租经营，其经营职责不只是将一层楼、一个单元简单地出租招商，还要根据市场需求的发展变化随时调整经营策略，并且不断地更新、改造与完善物业的使用条件，以提高物业的档次和适应性，获取更高经济收益。此类物业服务企业多以经营商业大楼、综合大厦、写字楼为主。

上述两种物业管理类型存在较大的差别。从管理上说，前者是物业的售后服务，是为了保证物业的正常使用，后者则需努力制造一个良好的物业使用环境，创造租赁条件，赢得租户并为之服务；就管理的物业对象而言，前者适合于各种楼宇，后者则主要适合于商业大厦、写字楼等；从服务对象分析，前者既有居民住户，又有职业公务人群，后者则主要以商业等职业人群为服务对象；从管理方式来看，前者注重的是管理与服务，后者则更注重积极的、带有开拓性的经营。

四、物业管理的特性和原则

1. 物业管理的特性

（1）社会化

物业管理的社会化是指将分散的社会分工集中起来统一管理，例如，房屋管理、水电供给、清洁卫生、保安巡逻、园林绿化等过去都是由多个部门管理，如今改为物业服务企业统一管理，充分发挥不同类型物业的综合效益和整体功能，使之实现社会效益、经济效益和环境效益的统一。

（2）专业化

物业管理的专业化是指由专门的物业服务企业通过委托合同的签订，按照产权人和物业使用人的意志与要求去实施专业化管理。物业服务企业有专业的人员配备，有专门的组织机构，有专门的管理工具和设备，有科学、规范的管理措施和工作程序，运用现代管理科学和先进的维修、养护技术实施专业化的管理。

（3）企业化

物业服务企业作为一个独立的法人，应按照《中华人民共和国公司法》的规定运行。物业服务企业必须依照物业管理市场的运行规则参与市场竞争，依靠经营能力和优质服务在物业管理市场上争取生存空间，用经营业绩去争取更多的客户，并在运作过程中处理好与公安、市政、街道、居委会、邮电、公共事业、交通等行政管理部门的关系，以提供优质服务为目的，塑造良好的服务氛围，为业主创造一个方便、整洁、安全、清静的居住和工作环境。

（4）服务性

在《中华人民共和国职业分类大典》中，物业管理人员属于社会服务人员，物业管理属于服务性行业。虽然有时物业管理人员需要履行管理职责，但服务是物业管理的根本属性。为了突出强调物业管理的服务性，《物业管理条例》中将物业管理委托合同称为《物业服务合同》，规定物业服务企业须按照《物业服务合同》为业主和物业使用人提供服务。

（5）经营性

物业管理的服务企业是经营性的，其所提供的商品是有偿的劳务和服务，即通过收取合理的费用，维持企业的正常运转。物业管理的经营目标是保本微利，量入为出，不以高额利润为目的。在当前物业管理服务收费受到诸多限制的情况下，物业服务企业应通过规模经营、多种经营等措施走上良性发展的道路。

2. 物业管理的原则

（1）产权、经营权分离原则

财产所有权与经营权分离是社会主义市场经济的重要原则。业主是物业的主人，对物业享有所有权（产权），业主组织成立了业主委员会。物业的产权是物业管理权的基础，业主或业主委员会是物业管理权的权利主体和核心。而物业服务企业可以受业主或业主委员会的委托对物业进行管理、维修和养护，即经营管理权在物业服务企业。

（2）业主至上原则

业主至上是指在物业管理活动中，以业主的需要为核心，将业主置于首要地位。强调业主至上是现代物业管理与传统体制下房屋管理的根本区别。在旧的体制下，因为房屋一般都属于公有，用户是被动地接受管理。而在新的物业管理体制下，业主真正成了物业的主人，有权选聘物业服务企业，物业管理的各种服务费用标准也要经过业主委员会的同意，报物价部门批准后才能执行。业主委员会有权监督物业服务企业，物业服务企业要对业主或业主委员会负责，要保护业主的根本利益，为业主和使用人提供优质的、全方位的服务。

（3）专业高效原则

为了提供高效优质的服务，物业服务企业可根据需要，通过签订合同的办法，将一些专业性更强的项目分包给专业公司。例如，区域内绿化可分包给园林绿化公司，房屋修缮可分包给房屋维修公司等。物业服务企业主要是进行组织、协调和管理。这完全符合社会主义市场经济进一步发展和社会分工越来越细的要求，也是物业服务企业开发服务项目、对业主和物业使用人实行全方位服务、满足住用人需求的捷径。

（4）经济合理原则

物业服务企业的收费应当遵循合理、公平，以及费用与服务水平相适应的原则，区别不同的物业的性质和特点，由业主和物业服务企业按有关规定进行约定，收缴的费用要让业主和使用人能够接受并感到质价相符、物有所值。物业服务企业要依法管理和使用专项维修资金，并不断通过实行有偿服务和开展多种经营来增加收入。

（5）公平竞争原则

物业管理是社会主义市场经济的产物，在市场经济中应当实行公开、公平、公正的竞争机制。在选聘物业服务企业时，应该坚持招标、投标制度，委托方发标，一般要有3个以上的物业服务企业投标，招标要公开，揭标要公正。

（6）依法行事原则

物业管理遇到的问题十分复杂，涉及法律非常广泛，整个物业管理过程中时时刻刻离不开法律、法规。例如，如何制定各种管理制度，如何签订物业服务合同，如何处理对内对外关系，如何开发物业管理中的服务项目，如何收取各种费用等。业主、物业使用人、物业服务企业的人员都应该认真学习相关法律、法规，遇到问题时要有法律意识和法律观念，处理问题时要以法律、法规为依据。只有这样，签订的合同才有效，制定的规章制度才能够实施，处理问题才恰当。

五、物业管理的工作内容

物业管理的工作内容主要是指物业服务企业在接管验收物业之后，制定各项物业服务管理方案和制度，依据物业服务合同向业主和物业使用人提供房屋建筑及其设备、市政公用设施的维护修缮服务，提供绿化、卫生、交通、治安和环境等管理服务，并向业主和物业使用人提供综合性的有偿服务等。具体内容如下：

1. 物业的接管验收

主要是根据物业管理委托服务合同制订物业的接管验收方案，按照有关规定组织物业的接管验收。在办理物业承接验收手续时，物业服务企业应当对物业共用部位、共用设施设备进行查验，并登记造册；建设单位应向物业服务企业移交有关物业资料。物业服务企业对所有物业资料应妥善保管，在物业管理服务终止时，应将全部物业资料移交给业主委员会。

2. 物业管理方案和制度的制定

（1）建立物业服务企业的相关管理部门，确定人员编制。

（2）在物业管理早期介入中对物业的规划设计方案、施工质量等提出合理建议。

（3）根据委托服务合同制订物业管理方案。

（4）制定各项物业管理制度。

（5）制订物业再开发利用方案。

（6）制订物业管理费用收支计划，并控制预算。

（7）制订房屋租赁方案，提供房屋租赁服务。

3. 业主管理服务

（1）提供业主或物业使用人入住服务。

（2）有计划地与客户进行有效沟通。

（3）接待客户日常来电、来信、来访，处理客户投诉。

（4）拟写物业管理的常用文书。

（5）建立与管理物业管理档案。

（6）测算并收取物业管理费用。

（7）对专项维修资金的使用进行管理。

（8）在管区内组织和管理各种有益的文体娱乐活动。

4. 房屋建筑及附属设备设施的维修养护管理服务

（1）向业主和物业使用人说明房屋建筑及附属设备设施的功能和使用注意事项，进行房屋及附属设备设施的安全管理。

（2）制订房屋及附属设备设施的维修养护计划。

（3）对房屋进行日常养护和维修。

（4）管理监督业主或物业使用人的室内装修工程。

（5）对房屋附属设备设施进行日常养护和维修。

（6）运用智能化物业管理系统进行管理。

（7）对特种设备的委托维修养护工作进行管理。

（8）编制房屋维修预算方案和设备设施的维修、更新预算方案。

5. 公共秩序服务

（1）制订物业管理区域内安全防范设施的设置方案，正确设置消防器材。

（2）提供物业管理区域内的安全保卫服务。

（3）进行消防安全管理。

（4）对进入物业管理区域内车辆的行驶和停放进行管理。

（5）预防和及时处理物业管理区域内的各类突发事件。

6. 环境保洁与绿化美化管理

（1）对物业管理区域内的环境污染进行防治。

（2）对物业管理区域内的房屋共用部位、共用设施设备和公共场地提供卫生保洁服务。

（3）对物业管理区域内的环境进行绿化美化。

7. 综合经营服务

综合经营服务主要是指物业服务企业开展多种便民经营服务项目，以最大限度满足业主或物业使用人的需要，同时提高本企业的经济效益。主要的综合经营服务项目包括：

（1）日常生活类服务。如为业主或物业使用人提供衣服熨烫服务、装修搬家服务、车船票务代购服务等。

（2）商业类服务。如物业服务企业开办小型商场、饭店、理发店、修理店，安装、维护和修理各种家用电器等。

（3）文化、教育、卫生、体育类服务。如开办图书室、幼儿园，设立卫生所，开办各种健身场所，举办小型体育活动和比赛等。

（4）经纪代理中介服务。如受业主委托，代业主对物业进行市场推广，替业主出租物业等。其他的代理如代请家教、代请保姆、代理广告等。当物业服务企业开展此项服务时，应到政府主管部门申报，取得经济代理、中介服务的许可证。

（5）委托性的特约服务。委托性的特约服务是指为了满足业主或物业使用人的个别需求而受其委托所提供的服务。因为这类服务是个别需求，所以通常在物业服务委托合同中不会作约定，而物业服务企业在专项服务中也未设立，只是在产权人、物业使用人提出这方面的要求后，物业服务企业根据自身的能力状况和业务量状况，尽量满足其要求，为其提供特约服务。

六、物业管理的过程

1. 签订物业服务合同

《物业管理条例》规定，在业主、业主大会选聘物业服务企业之前，建设单位选聘物业服务企业的，应当签订书面的前期物业服务合同。业主或业主大会依法通过适当方式选聘有相应资质的物业服务企业以后，应签订书面的物业服务合同。前期物业服务合同或物业服务合同应当对物业管理事项、服务质量、服务费用、双方的权利与义务、专项维修资金的管理与使用、物业管理用房、合同期限、违约责任等内容进行约定。

2. 验收接管物业

签订物业服务合同以后，物业服务企业应当成立验收接管小组，对物业的共同部分和共用设施设备进行查验，并办理接管手续。

3. 履行服务合同

按照物业服务合同所约定的内容，依法履行合同条款。要制定物业管理的各项规章制度、工作职责、操作规范，编制住户手册，建立物业管理的信息网络，以现代管理模式为业主提供经济、优质、高效的服务。物业服务企业也可以根据业主的委托，在力所能及的条件下，为业主提供物业服务合同约定以外的其他服务项目。

4. 终止合同， 做好交接

物业服务合同到期或因某些原因终止时，物业服务企业要向业主委员会报告专项维修资金使用情况并接受审查。然后，物业服务企业应当将物业管理用房、余留的专项维修资金和在承接验收时所接收的各种图纸、资料及其他物业管理中的相关文件（如在物业管理期间的各项规章制度、工作职责、操作规范、比较重要的维修记录等）交还给业主委员会。如果业主大会已经选聘了新的物业服务企业，新老物业服务企业之间应当在业主委员会的监督下，认真做好验收交接工作。物业管理中的遗留问题，也应向业主委员会或新的物业服务企业交代清楚。

思考与练习

1. 什么是物业？什么是物业管理？
2. 物业管理有哪些特性？
3. 物业管理的原则有哪些？
4. 物业管理的主要工作内容有哪些？

第 2 章　物业管理机构

第 1 节　业主大会和业主委员会

业主大会由物业管理区域内的全体业主组成，代表和维护物业管理区域内全体业主在物业管理活动中的合法权利，履行相应的义务。业主委员会由业主大会依法选举产生，履行业主大会赋予的职责，执行业主大会决定的事项，接受业主的监督。

一、业主及其权利义务

1. 业主的概念

房屋的所有权人为业主。业主是物业的主人，可以单独享有一幅土地上的物业，如工业厂房、写字楼、商业大厦、宾馆等，居住物业中独立的别墅也属此类；也可以与多个业主分享一幅土地上的物业，多见于居住物业，如小区物业。业主可以是一个自然人，也可以是一个组织或团体，如某个企业、某个机构等。

2. 业主的权利

业主对物业有与其他财产相同的占有、使用、收益和处分的权利，即业主可以使用、出租、转让、赠与、抵押物业。但是，业主对物业的权利与对其他财产的权利有很多不同之处。特殊情况下，业主可以使用其他业主的物业权利，如业主为了修复漏水的天花板，可以进入楼上业主室内，楼上业主不得拒绝。对于附属建筑物、附属设备、室外停车场、庭院、配套商业设施等，业主可以合理、善意地使用，并可以获得部分收益。

由于建筑物的特殊构造，其在权利归属及使用上不能分离，共用部分使业主之间形成共有关系，并通过一定的组织来处理自己的物业权利，共同管理物业。依据《物业管理条例》，业主享有下列权利：

（1）按照物业服务合同的约定，接受物业服务企业提供的服务。

（2）提议召开业主大会会议，并就物业管理的有关事项提出建议。

（3）提出制定和修改管理规约、业主大会议事规则的建议。

（4）参加业主大会会议，行使投票权。

（5）选举业主委员会成员，并享有被选举权。

（6）监督业主委员会的工作。

（7）监督物业服务企业履行物业服务合同。

（8）对物业共用部位、共用设施设备和相关场地使用情况享有知情权和监督权。

（9）监督物业共用部位、共用设施设备专项维修资金的管理和使用。

（10）法律、法规规定的其他权利。

3. 业主的义务

同样由于建筑物的特殊构造，业主对其物业行使权利时又受到一定的约束。业主应合理地使用物业，不得侵犯相邻业主的权利，依据《物业管理条例》，业主应履行下列义务：

（1）遵守管理规约、业主大会议事规则。

（2）遵守物业管理区域内物业共用部位和共用设施设备的使用、公共秩序和环境卫生的维护等方面的规章制度。

（3）执行业主大会的决定和业主大会授权业主委员会作出的决定。

（4）按照国家有关规定交纳专项维修资金。

（5）按时交纳物业服务费用。

（6）法律、法规规定的其他义务。

二、业主大会

1. 业主大会的概念

在《物业管理条例》中规定，物业管理区域内全体业主组成业主大会。业主大会应当代表和维护物业管理区域内全体业主在物业管理活动中的合法权益。

业主大会是由物业管理区域内全体业主组成的，维护物业管理区域内全体业主的公共利益，行使业主对物业管理的自治权的业主自治机构。无论业主是中国人还是外国人，是自然人还是法人，都是业主大会的成员。业主大会以会议制的形式，在充分民主的基础上集中全体业主的共同意志和利益要求，行使本物业管理区域内的物业管理自治规约订立权，决定属于自治范围的业主生活公共事务及物业管理公益事业中的其他重大问题。

2. 业主大会的特点

（1）业主大会是民主性的组织

业主大会的全体成员地位一律平等，不存在领导与被领导的关系，所有业主都可以根据自己的意志发表建议，提出看法、意见等。

（2）业主大会是自治性的组织

业主是物业所有权人，作为物业管理区域内的一分子，有权参与物业活动的管理。这种管理是通过业主大会行使的，是自我管理、自我服务、自我协商、自我约束，不受外部人员的非法干涉。

（3）业主大会是代表性的组织

业主大会应当代表全体业主在物业管理中的合法权益，它所做出的决议应当反映和维护全体业主的共同利益，而不是某一部分人或个人的利益。

业主大会不同于地方政府所设立的专门负责辖区内物业管理工作的行政部门，前者是一种自治、自助机构，后者是行政性的管理机构，起指导作用。业主大会具有自己特有的性质、宗旨、组成及运作机制，具有独立性和不可替代性。

3. 成立业主大会的条件

根据《物业管理条例》第十条规定，同一个物业管理区域内的业主，应当在物业所在地的区、县人民政府房地产行政主管部门或者街道办事处、乡镇人民政府的指导下成立业主大会，并选举产生业主委员会。但是，只有一个业主的，或者业主人数较少且经全体业主一致同意，决定不成立业主大会的、可以不成立业主大会的，由业主共同履行业主大会、业主委员会职责。第一次业主大会召开的条件各地区有所不同，如有的地方规定，“住宅区入住率达到 50%以上或者从第一个业主入住之日起满两年的”，可以召开业主大会。还有的地方规定，“一个物业管理区域内，有下列情况之一的，即可以召开第一次业主大会，选举产生业主委员会：公有住宅出售建筑面积达到 30%以上的，新建商品住宅出售建筑面积达到 50%以上的，住宅出售已满两年的”。

4. 业主大会的职责

依据《物业管理条例》，业主大会的职责主要包括：

（1）制定和修改业主大会议事规则。

（2）制定和修改管理规约。

（3）选举业主委员会或者更换业主委员会成员。

（4）选聘和解聘物业服务企业。

（5）筹集和使用专项维修资金。

（6）改建、重建建筑物及其附属设施。

（7）有关共有和共同管理权利的其他重大事项。

业主大会决定第（5）项和第（6）项规定的事项，应当经专有部分占建筑物总面积2/3以上的业主且占总人数2/3以上的业主同意；决定规定的其他事项，应当经专有部分占建筑物总面积过半数的业主且占总人数过半数的业主同意。

5. 业主大会会议

（1）业主大会会议的分类

业主大会会议分为定期会议和临时会议。业主大会定期会议应当按照业主大会议事规则的规定召开。经20％以上的业主提议，业主委员会应当组织召开业主大会临时会议。出现业主大会议事规则规定的应该召开业主大会临时会议的情况时，业主委员会应该组织召开业主大会临时会议。

（2）第一次业主大会会议的筹备

1）组织大会筹备组。业主大会筹备组应当在物业所在地的区、县房地产行政主管部门和街道办事处的指导下成立，由业主代表、建设单位（包括公有住房出售单位）组成，负责业主大会筹备工作。已有居民委员会的，还可以邀请居民委员会委员参加。

2）确定首次业主大会会议召开的时间、地点、形式和内容。

3）听取业主和相关人员的建议，结合本物业管理区域的实际情况，参照政府主管部门制定的示范文本，拟定《业主大会议事规则》草案和《管理规约》草案等有关文件。

4）确认业主身份，确定业主在首次业主大会会议上的投票权数。

5）通过协商，确定业主委员会委员候选人产生办法及名单。业主既包括商品房购买者，也包括公有住房购买者和仍拥有物业的房地产开发企业。业主委员会委员，一般应当根据其实际拥有房屋的建筑面积，按照一定比例推荐。

6）做好召开首次业主大会会议的其他准备工作。会议筹备期间，筹备组成立的过程、每次会议的各项决定的意见，都应当认真做好记录。

（3）第一次业主大会召开的程序

筹备组应当自成立之日起30日内，在物业所在地的区、县人民政府房地产主管部门的指导下，组织业主召开首次业主大会会议。首次业主大会会议召开的程序一般为：

1）由大会筹备组成员代表筹备组介绍大会筹备情况。

2）由大会筹备组成员代表筹备组介绍业主委员候选人情况，候选人本人也可以做自我介绍。

3）审议、通过《业主大会议事规则》和《管理规约》。

4）选举产生业主委员会委员。

5）审议、通过与物业管理相关的特别重大事项。

在第一次业主大会上，物业的建设单位还应当做出前期物业管理工作报告，物业服务企业还应当做出物业接管验收情况报告。

三、业主委员会

业主委员会是按照法定的程序由业主大会从全体业主中选举产生的，是业主大会的执行机构，它代表和维护物业管理区域内全体业主的合法权益，与物业服务企业是委托者与受委托者、聘用与受聘的关系。

业主委员会的合法权益受国家法律保护，其一切活动都应当遵守国家法律、法规和物业管理制度。

1. 业主委员会的产生

业主委员会由业主大会选举产生，原建设部发布的《业主大会规程》规定，业主委员会委员应当符合下列条件：

（1）本物业管理区域内具有完全民事行为能力的业主。

（2）遵守国家有关法律、法规。

（3）遵守业主大会议事规则、管理规约，模范履行业主义务。

（4）热心公益事业，责任心强，公正廉洁，具有社会公信力。

（5）具有一定组织能力。

（6）具备必要的工作时间。

《业主大会规程》还规定，业主委员会委员有下列情形之一的，经业主大会会议通过，其业主委员会委员资格终止：

（1）因物业转让、灭失等原因不再是业主的。

（2）无故缺席业主委员会会议连续3次以上的。

（3）因疾病等原因丧失履行职责能力的。

（4）有犯罪行为的。

（5）以书面形式向业主大会提出辞呈的。

（6）拒不履行业主义务的。

（7）其他原因不宜担任业主委员会委员的。

业主委员会委员由热心公益事业、责任心强、具有一定组织能力的业主担任，共同组成业主委员会，并推选产生业主委员会主任、副主任。

根据物业管理区域内物业规模的大小，一般业主委员会设委员5～15名，经业主大会决定可以适当增减，但最低不得少于5名。业主委员会设主任1名，副主任1～2名，主任、副主任在业主委员会委员中推选产生。在选举产生业主委员会时，应当注意发挥街道办事处、居民委员会、公安派出所，以及有关部门和单位的作用。

业主委员会应当选聘执行秘书 1 名，负责处理业主委员会的日常事务工作。业主委员会主任、副主任、执行秘书一般为兼职，也可以是专职。

业主委员会应当自选举产生之日起 30 日内，将业主大会的成立情况、业主大会议事规则、管理规约及业主委员会名单等材料向物业所在地的区、县人民政府房地产行政主管部门备案。业主委员会备案的有关事项发生变更的，应按上述规定重新备案。

2. 业主委员会的职责

业主委员会执行业主大会的决定事项，履行下列职责：

（1）召集业主大会会议，报告物业管理的实施情况。

（2）代表业主与业主大会选聘的物业服务企业签订物业服务合同。

（3）及时了解业主、物业使用人的意见和建议，监督和协助物业服务企业履行物业服务合同。

（4）监督管理规约的实施。

（5）业主大会赋予的其他职责。

业主和业主委员会在强调权益的同时，也要履行有关法律、公约和合同规定的义务。物业管理领域中的诸多矛盾，除了物业服务公司的服务不尽如人意之外，还有很多原因是因为过分强调了业主的个体权益，而忽视了业主的整体权益。业主委员会作为业主与物业服务企业之间的一座桥梁，有义务追求业主的整体权益，以民主、自治、自律、公益为原则，在物业管理活动中发挥应有的作用。

3. 业主委员会会议

《业主大会规程》规定，业主委员会应当自选举产生之日起 3 日内召开首次业主委员会会议，经 1/3 以上业主委员会委员提议或者业主委员会主任认为有必要的，应当及时召开业主委员会会议。业主委员会会议应当做书面记录，由出席会议的委员签字后存档。业主委员会会议应当有过半数委员出席，做出的决定必须经全体委员半数以上同意。业主委员会的决定应当以书面形式在物业管理区域内及时公告。

第 2 节　物业服务企业

物业服务企业是在特定物业管理区域内进行专业化服务和管理，专门从事永久性建筑物、附属设备设施及相关场地和周围环境的科学管理，为业主和物业使用人提供良好的生活或工作环境，具有独立法人地位的经济实体。

一、物业服务企业的性质

1. 营利性

物业服务企业是营利性组织。物业服务企业与从事物业服务活动的非营利组织不同，也不同于传统的单位物业管理部门和政府房地产物业管理机构，它遵循市场经济的等价交换原则，以服务经营收入来补偿支出，并取得一定的盈利，得以生存和发展。因此，营利是物业服务企业的基本原则和目标。

2. 专业性

物业服务企业是以物业服务业务为主业的组织，围绕物业服务主业设置科学、健全的内部机构，配备水、电、机械、电梯、空调、消防、保安、绿化、清洁、商业、财务等专业人才，装备物业服务专业工具，以保证物业服务的质量和经营的效率。

3. 服务性

物业服务企业的社会角色是为业主管好物业，使其保值、增值，并使物业得到充分利用，为业主和物业使用人提供各种服务，满足他们围绕物业的各种需要。因此，物业服务属于第三产业，提供优质物业服务是物业服务企业的首要任务，让业主和物业使用人满意是物业服务企业的宗旨。

4. 独立性

《物业管理条例》第三十二条规定，从事物业服务活动的企业应当具有独立的法人资格。物业服务企业是依照法定条件和程序设立，具有独立法人资格的企业组织，有独立的组织，有独立的财产，能够独立地进行经营管理并以自己的名义享有权利、履行义务，独立地承担责任。

二、物业服务企业的分类

物业服务企业的分类见表 2—1。

表 2—1　物业服务企业的分类

分类原则	具体内容
按投资主体分类	全民物业服务企业，即国有物业服务企业。企业的资产属于全民所有，即国家所有，国家依照所有权与经营权相分离的原则授予企业经营管理权
	集体所有制物业服务企业，企业的资产属于部分劳动者集体所有，企业的资产所有者授予企业经营管理权

续表

分类原则	具体内容
按投资主体分类	联营物业服务企业，是指企业与企业之间、企业与事业单位之间联营，或相互之间组成新的经营实体，取得法人资格，各自享有相应的权利，各自承担相应的义务，共同实施物业管理的企业
	私营物业服务企业，企业的资产属于投资者私人所有
	合资物业服务企业，是指依照中国的法律，由海外投资者同国内企业合资的物业服务企业或由海外投资者同国内经营实体合作经营的物业服务企业
按股东出资形式分类	物业管理有限责任公司，是由 2 个至 50 个股东共同出资，并以出资额为限对公司承担责任，公司以公司的全部资产对公司的债务承担有限责任的企业法人
	物业管理股份合作公司，是自愿组织、自愿合作、自愿参股、自负盈亏、按劳分配、按股分红，企业以其全部资产对企业债务承担责任的企业法人。物业管理股份合作公司的股东，一般又是企业的职工
	物业管理股份有限公司的全部资产分为等额股份，每个股东以持股数额对公司承担相应责任，公司以其全部资产对公司的债务承担有限责任。股份有限公司的注册资本必须在 1 000 万元以上
按经营服务方式分类	代理租赁服务型公司，一般是指代理业主对使用人出租物业，同时负责物业管理的公司
	委托管理服务型公司，一般是指由业主和使用人组成的业主管理委员会通过合同方式委托管理物业的物业服务企业
按是否具有法人资格分类	具有独立法人资格的物业服务企业或子公司
	以经营其他项目为主的企事业单位所属的不具有独立法人资格的物业管理部或物业管理处等

三、物业服务企业的设立

物业服务企业的设立分资质审批和工商注册。

1. 物业服务企业资质审批申报程序

各地物业服务企业资质审批申报规定有所差异，但基本申报程序大致如下：

（1）申请单位应按有关规定到当地县级以上人民政府的物业管理行政主管部门提出申请，提供所需的各项材料。

（2）物业管理行政主管部门收到申请评定资质等级的物业服务企业报告材料后，一般在两周内审核完毕，并对符合经营资质条件的新设立的物业服务企业，按照住房和城乡建设部的有关规定发给资质证书。

2. 物业服务企业的工商注册登记

物业服务企业办理经营执照的手续与一般企业相同。按《公司法》规定，企业设立必须向工商行政管理部门进行注册登记。企业注册登记时，必须制定一份非常重要的文件，即企业章程。物业服务企业章程应包括下列事项：

（1）总则，主要包括企业的名称（全称）、地址等。

（2）企业的经营宗旨，突出物业管理、为业主服务及契约关系。

（3）企业的经营范围，从管理、服务、多种经营三方面确定。

（4）企业的经济性质及组织形式，经济性质可以是国有、集体、私营，组织形式可以是独资、有限责任公司、股份有限公司或合伙、合作制。

（5）注册资金，多方设立的要明确各方的投资比例、投资形式（实物还是现金），并在此基础上明确各方的权利、义务与责任。

（6）机构，指企业内部的组织机构。

（7）财务会计制度，如果是合资企业应将采用的货币注明。

（8）利润分配方式。

（9）职工录用方式、待遇、管理方法。

（10）企业的各种规章制度。

四、物业服务企业的资质等级标准

2007 年 11 月 26 日根据原建设部令第 164 号修改颁布的《物业服务企业资质管理办法》，可将物业服务企业分为一级、二级、三级三个资质等级。其中，资质一级、资质二级、资质三级企业的标准分别如下：

1. 资质一级企业

（1）注册资本 500 万元以上。

（2）物业管理专业人员，以及工程、管理、经济等相关专业类的专职管理和技术人员，不少于 30 人。其中，具有中级以上职称的管理人员、工程技术人员不少于 20 人，工程、财务等业务负责人具有相应的专业中级以上职称。

（3）物业管理专业人员按照国家规定取得职业资格证书。

（4）管理两种类型以上物业，并且管理各类物业的建筑面积分别占下列相应计算基数的百分比之和不低于 100%。计算基数是：

1）多层住宅 200 万平方米。

2）高层住宅 100 万平方米。

3）独立式住宅（别墅）15 万平方米。

4）办公楼、工业厂房及其他物业 50 万平方米。

（5）建立并严格执行服务质量、服务收费等企业管理制度和标准，建立企业信用档案系统，有优良的经营管理业绩。

2. 资质二级企业

（1）注册资本 300 万元以上。

（2）物业管理专业人员，以及工程、管理、经济等相关专业类的专职管理和技术人员，不少于 20 人。其中，具有中级以上职称的管理人员、工程技术人员不少于 10 人，工程、财务等业务负责人具有相应的专业中级以上职称。

（3）物业管理专业人员按照国家规定取得职业资格证书。

（4）管理两种类型以上的物业，并且管理各类物业的建筑面积分别占下列相应计算基数的百分比之和不低于 100%。计算基数是：

1）多层住宅 100 万平方米。

2）高层住宅 50 万平方米。

3）独立式住宅（别墅）8 万平方米。

4）办公楼、工业厂房及其他物业 20 万平方米。

（5）建立并严格执行服务质量、服务收费等企业管理制度和标准，建立企业信用档案系统，有优良的经营管理业绩。

3. 资质三级企业

（1）注册资本 50 万元以上。

（2）物业管理专业人员，以及工程、管理、经济等相关专业类的专职管理和技术人员，不少于 10 人。其中，具有中级以上职称的管理人员、工程技术人员不少于 5 人，工程、财务等业务负责人具有相应的专业中级以上职称。

（3）物业管理专业人员按照国家规定取得职业资格证书。

（4）有委托的物业管理项目。

（5）建立并严格执行服务质量、服务收费等企业管理制度和标准，建立企业信用档案系统。

五、物业服务企业的权利与义务

1. 物业服务企业的权利

（1）根据有关法规，结合实际情况，制定物业管理办法。

（2）依照物业管理合同和管理办法对物业实施管理。

（3）依照物业管理合同和有关规定收取管理费。

（4）有权制止违反规章制度的行为。

（5）有权要求业主委员会协助管理。

（6）有权选聘专营公司承担专项管理业务。

（7）可以实行多种经营，以其收益补充管理经费。

2. 物业服务企业的义务

（1）履行物业管理合同，依法经营。

（2）接受业主委员会和业主及物业使用人的监督。

（3）重大管理措施应提交业主委员会审议批准。

（4）接受行政主管部门监督指导。

（5）至少每 6 个月应向全体业主公布一次管理费用收支账目。

（6）提供优良生活工作环境，做好社区文化。

（7）发现违法行为要及时向有关行政管理机关报告。

（8）物业管理合同终止时，必须向业主委员会移交全部房屋、物业管理档案、财务等资料和本物业的公共财产，包括管理费、公共收入积累形成的资产。同时，业主委员会有权指定专业审计机构对物业管理财务状况进行审计。

六、物业服务企业的组织机构及职能

由于各物业服务企业所管物业的类型不同，其服务内容与管理侧重点也会有所差异。因此，各物业服务企业可根据具体情况来进行机构设置。一般来说，为保证物业管理工作的正常运行，物业服务企业通常需设置以下最基本的机构部门，这些机构部门具有不同的工作职能：

1. 办公室

办公室是总经理室领导下的综合行政管理部门，负责处理日常行政事务，管理公司的人事档案和后勤工作。它的工作范围是：

（1）负责公司级会议的筹备和安排，并协调会议期间各部门工作的开展，以及会议决定的督促和检查。

（2）根据领导的布置和要求及时准确地起草或打印、复印各类文件资料。

（3）做好文书档案和有关资料的管理工作。

（4）做好人事管理工作，保管好员工的档案，根据需要做好人力资源管理工作。

（5）做好公司的考勤统计工作及劳动工资的管理工作。根据政策做好职工的调资定级、统筹退休工作，并负责办理员工请假、休假的有关手续。

（6）负责公司员工的文化教育、知识更新、思想政治教育的有关管理工作。

（7）负责公司有关办公用品和劳保用品的购买、保管和发放工作。

2. 财务部

负责统筹整个公司物业管理费用的收入和支出。在总经理领导下，积极参与企业经营管理，做好会计核算工作。具体职责范围：

（1）制订公司年度财务计划和管理费预算方案。

（2）监督各管理处的管理费收缴工作，监控管理费的使用。

（3）按照财会制度规定，切实做好记账、算账、报账工作，做到手续完备、内容真实、数字准确、账目清楚，在规定时间内报送各项会计报表。

（4）按银行有关制度规定，做好现金和支票的管理工作，加强现金管理，做好结算工作。对各管理处的现金和银行存款的收支情况，进行经常性的监督和指导。

（5）妥善保存会计档案资料，接受税务机关、上级主管部门和本单位领导的监督检查，及时提供财务资料，如实反映情况。

3. 工程部

工程部是企业重要的技术管理部门，其具体职责范围包括：

（1）制订设施、设备运行和维修管理总体方案，编制维修计划和年度预算方案。

（2）拟定各项工程运行维修管理制度、规定和工作程序。

（3）负责能源供应、空调系统、冷热水系统、电力系统的运行管理。

（4）全面负责各种动力设备、机器设备、空调系统、冷热水管道、各种用具等设施设备的维修与管理工作，保证各种设施设备始终正常运转。

（5）随时检查各种设施设备的技术状况，及时提出维修解决办法和制订维修方案，并组织贯彻实施。

（6）每年做好设备换季检查和维修工作，提前制订维修和检修方案，安排好人力和物力，保证工作需要。

（7）负责设施设备更新改造组织工作。

4. 综合管理部

这是体现物业管理职能的核心部门，负责对各管理处实施全面的指导、协调和管理。其职责范围包括：

（1）负责公司对外联系、公司形象宣传、社区活动创意等。

（2）负责向各管理处传达公司有关指示和布置具体工作，并检查执行情况。

（3）协调公司同业主的关系，组织召开业主大会或管委会会议。

（4）负责对业主的投诉做好解释工作，并解决各种纠纷。

（5）建立和管理业主档案。

（6）负责小区内市政设施和综合环境的检查。

（7）负责住户装修方案的审批。

（8）负责小区内违章建筑的处理。

（9）对管理处的工作进行经常性检查监督，及时总结和汇报情况。

（10）协助、协调工程部、保安部、环卫部等部门的工作。

5. 保安部

负责物业管理区域内的治安保卫、车辆和消防安全管理，维护物业管理区域内的人身和财产安全，保证正常的工作生活秩序。

6. 保洁绿化部

负责物业的清洁卫生、环境美化，如公共区域的清扫，水池的清洁，化粪池清理，喷洒药水，养护花草树木，布置园林小品，提供有偿清洁，花木租售等服务。

7. 经营发展部

负责筹划和从事各种经营项目，为业主（或使用人）提供全方位的生活、办公服务，包括各种居家服务和综合代办服务，并可开展中介、租售代理、咨询、装修、家电维修等多种经营服务。

第3节　物业管理相关部门与机构

物业管理相关部门与机构包括业主委托的其他管理人、物业管理行政主管部门、物业管理相关职能机构和中国物业管理协会。

一、业主委托的其他管理人

业主可以委托物业服务企业，也可以委托其他管理人管理。其他管理人包括不具备物业服务企业资质的保洁公司、安保公司等专业服务企业，也包括非专业企业和非营利组织，后者如机关、事业单位的后勤管理部门对办公楼、职工住宅楼进行的管理，房管所对部分市区内民宅的管理等。

上述其他管理人在一定程度上满足了有特殊要求的物业和业主的实际需求，虽然采用了专业的服务标准、设备进行服务，但是由于其不具备物业服务企业的资质，没有进入物业管理市场，本质上并不属于物业管理。

二、物业管理行政主管部门及工作内容

物业管理的行政管理是国家或国家行政机关依据有关的法律、法规，对物业管理实施行业管理。国务院建设行政主管部门负责全国物业管理活动的监督管理工作，是中央负责物业管理工作的行政主管部门。县级以上地方人民政府房地产行政主管部门负责本

行政区域内物业管理活动的监督管理工作。各省、市对物业管理的行政管理部门都有明确规定，如北京市和区、县房屋土地管理机关主管本行政区域居住小区的物业管理工作，深圳市物业管理部门是负责物业管理的监督管理工作，上海市房屋行政管理部门负责全市物业管理的监督管理工作。

物业管理行政主管部门的工作内容如下：

1. 政策指导

物业管理的行政机关为业主、物业使用人、业主委员会和物业服务企业，也包括地区街道、居委会和相关部门提供政策指导，通过各种形式普及与物业管理相关的法律知识。

2. 行政立法

根据国家法律规定的基本原则，根据国家关于房地产和物业管理方面的方针政策，针对物业管理中出现的新情况和遇到的新问题，拟定和制定各种物业管理法规、政府规章和规范性文件、制度等。

3. 协调服务

对物业管理中出现的业主之间，业主与业主委员会之间，业主与物业服务企业之间，业主、业主委员会、物业服务企业与各行政管理部门之间的关系进行协调，对物业管理行业与房地产、建筑装修、市政环保、金融等行业组织之间的关系进行协调。同时，提供各种服务，包括政策咨询，人才交流、培养，信息沟通和有关房地产税费、登记备案手续等。

4. 执法监督

根据行政法规赋予的行政执法职权进行行政执法，接受业主和有关各方的投诉，对物业管理中出现的纠纷依法进行行政监督管理和处理。

5. 市场调控

通过地价、房价、税收、信贷、服务费用等经济手段，调节物业管理中的经济活动，扶助和培育物业管理市场，推动其健康规范发展。具体表现为：审批物业服务企业的经营资质，对物业管理招标投标活动实施监督管理，对日常物业管理活动实施监督管理，组织物业服务企业参加考评和评比。

三、物业管理相关职能机构

1. 建设、 电力、 公安、 物价、 工商等有关部门

建设、市政、规划、环保、公用、环卫、园林、住宅等有关行政管理部门，按照有关法律法规和行政规章的规定，按职责分工，负责主管房地产开发建设、配套交付使用、环境环卫管理等各环节，协助监督物业管理区域的管理。

电力、公安、工商、物价等部门对用电照明、社会治安、道路交通、物业服务企业经营、收费价格确定等实施行政管理，按分工依法协助和监督物业管理区域的管理。

当物业使用出现损害房屋、设备、设施的禁止行为，业主委员会和物业服务企业劝阻无效时，相关行政机关应予处理。

2. 街道办事处、乡镇人民政府

街道办事处、乡镇人民政府协助有关行政部门对物业管理进行监督，对物业管理与社区管理、社区服务的相互关系进行协调。从一个居住地区来说，区、县房管局有关部门或派出的办事处负责日常物业管理的行政管理工作，街道和乡镇不能替代物业服务企业的具体管理和为业主及物业使用人提供的生活服务，但在行政上由街道统筹社区管理，包括宣传政策、组织协调、提供服务、依法检查监督。物业服务企业要与物业所在地街道和乡镇政府机关保持密切联系，接受指导，互相配合、支持，构筑高效优质的社区管理服务系统。

四、中国物业管理协会

中国物业管理协会是经国家民政部批准并注册登记，具有社团法人资格的全国性社会团体，成立于 2000 年，其主管部门为中华人民共和国住房和城乡建设部。该协会是以物业服务企业为主体，相关企业参加，按照有关法律、法规自愿组成的全国行业性的自律组织，具有国家一级社团法人资格。

中国物业管理协会的主要职能包括：协助政府贯彻执行国家的有关法律、法规和政策；协助政府开展行业调研和行业统计工作，为政府制订行业改革方案、发展规划、产业政策等提供预案和建议；协助政府组织、指导物业管理科研成果的转化和新技术、新产品的推广应用工作，促进行业科技进步；代表和维护企业合法权益，向政府反映企业的合理要求和建议；组织制定并监督本行业的行规行约，建立行业自律机制，规范行业自我管理行为，树立行业的良好形象；进行行业内部协调，维护行业内部公平竞争；为会员单位的企业管理和发展提供信息与咨询服务；组织开展对物业服务企业的资质评定与管理、物业管理优秀示范项目的达标考评和从业人员执业资格培训工作；促进国内、国际行业交流和合作。

思考与练习

1. 业主的权利与义务有哪些？
2. 业主大会的职责有哪些？
3. 业主委员会的职责有哪些？
4. 简述物业服务企业的性质。
5. 物业服务企业的资质等级是如何划分的？
6. 物业服务企业的机构及职能有哪些？
7. 物业管理相关行政主管部门都有哪些？

第 3 章　物业基础管理

第 1 节　物业接管验收管理

物业接管验收是指物业服务企业根据标准，对建设单位移交的物业所进行的综合检验、接收管理工作。

一、物业接管的两种方式

1. 从房地产开发企业接管

房地产开发企业在出售住宅小区房屋前，应当选聘物业服务企业承担住宅小区的管理，并与其签订物业管理合同。在住宅小区的物业服务企业负责管理前，由房地产开发企业负责管理，因此，参与物业开发全过程的物业服务企业最有可能成为接受物业管理委托的公司。

2. 从业主委员会接管

物业服务企业作为一种经营服务型企业，是受物业产权人委托实施管理的。也就是说，产权人及使用人有权选择管理者，这种权利集中体现在业主大会上。

首次选聘物业服务企业的工作一般由房地产开发企业完成。业主委员会组成之后应对所选聘的物业服务企业进行考察，同时对物业服务企业的服务质量进行监督。管理水平低下的物业服务企业将会被业主委员会解聘。物业服务企业被解聘或者受聘合同到期未获续聘时，业主委员会可选聘其他物业服务企业接管物业管理工作。

二、物业接管验收的条件

根据中华人民共和国住房和城乡建设部《物业承接查验办法》（建房［2010］165号）的规定，新建物业办理接管验收时，应具备以下条件：

1. 建设工程竣工验收合格，取得规划、消防、环保等主管部门出具的认可或者准许使用文件，并经建设行政主管部门备案。

2. 供水、排水、供电、供气、供热、通信、公共照明、有线电视等市政公用设施设备按规划设计要求建成，供水、供电、供气、供热已安装独立计量表具。

3. 教育、邮政、医疗卫生、文化体育、环卫、社区服务等公共服务设施已按规划设计要求建成。

4. 道路、绿地和物业服务用房等公共配套设施按规划设计要求建成，并满足使用功能要求。

5. 电梯、二次供水、高压供电、消防设施、压力容器、电子监控系统等共用设施设备取得使用合格证书。

6. 物业使用、维护和管理的相关技术资料完整齐全。

7. 法律、法规规定的其他条件。

三、物业接管验收应移交的材料

1. 新建物业接管验收应移交的材料

建设单位办理新建物业的接管验收时，应当向物业服务企业提交以下材料：

（1）产权材料

产权材料包括：项目批准文件、用地批准文件、建筑施工执照、拆迁安置材料、房地产平面图等。

（2）技术材料

技术材料包括：工程项目竣工图（如总平面图，建筑、结构、设备、附属工程及隐蔽工程管线的全套图纸）；工程地质勘察报告；工程合同及开工、竣工报告；工程预决算资料；图纸会审记录；工程设计变更通知及技术核定单（包括工程质量事故发生及处理记录）；隐蔽工程验收、签证记录；建筑物沉降及变形位移监测记录；永久性水准点位置及基础埋深；竣工验收合格证书；钢材、水泥等主要材料的质量保证书；新材料、构配件的鉴定合格证书；水、电、采暖、卫生器具、电梯、消防等设备的检验合格证书；砂浆、混凝土试块的试验报告；供水、供暖、供气的试压报告；园林绿化的图纸及清样；设备清单、安装记录、使用注意事项的说明、质保书和保修单；材料及设备供应商的资料；有关工程项目的其他重要技术决定和文件。

2. 原有物业接管验收应移交的材料

办理原有物业的接管验收时，应当向物业服务企业提交以下材料：

（1）产权材料

产权材料包括房屋所有权证，土地使用权证，有关司法、公正的文书和协议，房屋分户使用清册，房屋设备，以及定、附着物的清册。

（2）技术材料

技术材料包括房地产平面图，房屋分间平面图，房屋及设备技术的材料。

四、物业接管验收的标准

1. 新建物业接管验收的标准

（1）主体结构

1）地基基础的沉降不得超过建筑地基基础设计规范的允许变形值，不得引起上部结构的开裂或相邻房屋损坏。

2）钢筋混凝土构件产生变形、裂缝，不得超过钢筋混凝土结构设计规范的规定值。

3）木结构应节点牢固，支撑系统可靠、无蚁害，其构件的选用必须符合结构工程及验收规范规定。

4）砖石结构必须有足够的强度和刚度，不允许有明显裂缝。

5）凡应抗震设防的房屋，必须符合建筑抗震设计规范的有关规定。

6）外墙不得渗水。

（2）屋面

1）各类屋面必须符合屋面工程施工及验收规范的规定，排水畅通，无积水，不渗漏。

2）平屋面应有隔热保温措施，3层以上房屋在公用部位设置屋面检修孔。

3）阳台和3层以上房屋的屋面应有组织排水、出水口、檐沟，落水管应安装牢固，接口严密，不渗漏。

（3）楼地面

1）面层与基层必须黏结牢固，不空鼓。整体面层平整，不允许有裂缝、脱皮和起砂等缺陷；块料面层应表面平整，接缝均匀顺直、无缺棱掉角。

2）卫生间、阳台、盥洗室地面及相邻地面的相对标高应符合设计要求，不应有积水，不允许倒泛水和渗漏。

3）木楼地面应平整牢固，接缝密合。

（4）装修

1）门窗应安装平正牢固，无翘曲变形，开关灵活，零配件装备齐全，位置准确，钢门窗缝隙严密，木门窗缝隙适度。

2）进户门不得使用胶合板制作，门锁应安装牢固，底层外窗、楼层公共走道窗、进户门上的亮子均应装设铁栅栏。

3）木装修工程应表面光洁，线条顺直，对缝严密，不露钉帽，与基层必须钉牢。

4）门窗玻璃应安装平整，油灰饱满，粘贴牢固。

5）抹灰应表面平整，不应有空鼓、裂缝和起泡等。

6）饰面砖应表面洁净，粘贴牢固，阴阳角与线脚顺直，无缺棱掉角。

7）油漆、刷漆应色泽一致，表面不应有脱皮、漏刷现象。

（5）电气

1）电气线路安装应平整、牢固、顺直，过墙应有导管。导线连接必须紧密，铝导线连接不得采用铰接或绑接。采用管子配线时，连接点必须紧密、可靠，使管路在结构上和电气上均连成整体并有可靠的接地。

2）应按套安装电表或预留表位，并有电器接地装置。

3）照明器具等低压电器安装支架必须牢固，部件齐全，接触良好，位置正确。

4）各种防雷装置的所有连接点必须牢固可靠，接地阻值必须符合电气装置安装工程施工及验收规范的要求。

5）电梯应能准确地启动运行、选层、平层、停层，曳引机的噪声和振动声不得超过电器装置安装工程施工及验收规范的规定值。制动器、限速器及其他安全设备应动作灵敏可靠。安装的隐蔽工程、试运转记录、性能检测记录及完整的图样资料均应符合要求。

6）对电视信号有屏蔽影响的住宅，电视信号场强微弱或被高层建筑遮挡及反射波复杂地区的住宅，应设置电视共用天线。

7）除了上述要求外，同时应符合地区性低压电气装置规程的有关要求。

（6）水、卫生、消防

1）管道应安装牢固，控制部件启闭灵活，无滴漏。水压试验及保温、防腐措施必须符合采暖与卫生工程施工及验收规范的要求。应按套安装水表或预留表位。

2）高位水箱进水管与水箱检验口的设置应便于检修。

3）卫生间、厨房内的排污管应分设，出户管长不宜超过 8m，并不应使用陶瓷管、塑料管，地漏、排污管接口、检查口不得渗漏，管道排水必须流畅。

4）卫生器具质量良好，接口不得渗漏，安装应平正、牢固，部件齐全，制动灵活。

5）水泵安装应平稳，运行时无较大振动。

6）消防设施必须符合《建筑设计防火规范》《高层民用建筑设计防火规范》的要求，并且有消防部门的检验合格签证。

(7) 采暖

1）采暖工程的验收必须在采暖期前两个月进行。

2）锅炉、箱、罐等压力容器应安装平正，配件齐全，不得有变形、裂纹、磨损、腐蚀等缺陷。安装完毕后，必须有专业部门的检验合格签证。

3）炉排必须进行 12 h 以上试运转，炉排之间、炉排与炉膛之间不得互相摩擦，且无杂音，不跑偏，不受卡，运转应自如。

4）各种仪器、仪表应齐全精确，安全装置必须灵敏、可靠，控制阀门应开关灵活。

5）炉门，灰门，煤斗闸板，烟、风挡板应安装平正，开启灵活，闭合严密，风室隔墙不得透风漏气。

6）管道的管径、坡度及检查井必须符合采暖与卫生工程施工及验收规范的要求，大小及管道排列应便于维修，管架、支架、吊架应牢固。

7）设备、管道不应有跑、冒、滴、漏现象，保温防腐措施必须符合采暖与卫生工程施工及验收规范的规定。

8）锅炉辅机应运转正常，无杂音。消烟除尘、消声减振设备应齐全，水质、烟尘浓度应符合环保要求。

9）经过 48 h 连续试运行，锅炉和附属设备的热工、机械性能及采暖区室温必须符合设计要求。

（8）附属工程及其他

1）室外排水系统的标高、窨井（检查井）设置、管道坡度、管径均必须符合室外排水设计规范的要求。管道应顺直且排水通畅，井盖应搁置稳妥并设置井圈。

2）化粪池应按排污量合理设置，池内无垃圾杂物，进出水口高差不得小于 0.5 m。立管与粪池间的连接管道应有足够坡度，且不应超过两个弯。

3）明沟、散水、落水沟内不得有断裂、积水现象。

4）房屋入口处必须做室外道路，并与主干道相通。路面不应有积水、空鼓和断裂现象。

5）房屋应按单元设置信报箱，其规格、位置须符合有关规定。

6）挂物钩、晒衣架应安装牢固。烟道、通风道、垃圾道应畅通，无阻塞物。

7）单体工程必须做到“工完料净场地清”，临时设施及过渡用房拆除清理完毕。室外地面平整，室内外高差符合设计要求。

8）群体建筑应检验相应的市政、公建配套工程和服务设施，达到应有的质量和使用功能要求。

2. 原有物业接管验收的标准

（1）以危险房屋鉴定标准和国家有关规定作为检验依据。

（2）从外观检查建筑整体的变异状态。

（3）检查房屋结构、装修和设备的完好与损坏程度。

（4）检查房屋使用情况（包括建筑年代、用途变迁、拆改添建、装修和设备情况），评估房屋现有价值，建立资料档案。

五、物业接管验收的程序

1. 新建物业接管验收的程序

（1）建设单位书面提请接管单位进行接管。

（2）接管单位对照接管验收应具备的三项条件和产权资料、技术资料进行审核。在具备条件时，应于 15 天内签发验收通知，并约定验收时间。

（3）接管单位会同建设单位，对房屋主体结构、外墙、屋面、楼地面、装修、电气、水卫消防、采暖、附属工程及其他部分的质量与使用功能进行检验。

（4）对于检验中发现的质量问题，双方约定补偿和处理的责任。

（5）经检验合格后，接管单位应在 7 日内签署验收合格凭证，并及时签发接管文件。

2. 原有物业接管验收的程序

（1）移交人应书面提请接管单位接管验收。

（2）接管单位对照接管验收应具备的两项条件和产权资料、技术资料进行审核。在具备条件时，应于 15 天内签发验收通知，并约定验收时间。

（3）接管单位会同移交人对原有物业的质量和使用功能进行检验。

（4）对检验中发现的危、损问题，属于危险房屋的，由移交人负责解危；属于损坏房屋的，由移交人与接管单位协商；属于法院判决没收并通知接管的，按法院判决办理。

（5）交接双方共同清点房屋、装修、设备和其他附着物，核实房屋使用情况。

（6）经检验符合要求的房屋，接管单位应签署验收合格凭证，签发接管文件。

（7）如有产权转移，接管单位还应办理房屋所有权转移登记。

总之，不管是新建物业还是原有物业，一旦物业服务企业签发了接管文件，办理了必要的手续以后，整个物业的接管工作便正式宣告结束。

六、物业接管验收的注意事项

物业的接管验收是直接关系到今后物业管理工作能否正常开展的重要环节，物业服务企业要高度重视，严格把关，特别要注意以下事项：

1. 依据建房［2010］165号《物业承接检验办法》认真逐项验收

对于在验收中发现的问题，物业服务企业要及时记录，并请移交单位签字确认，以便明确责任，督促其整改。

2. 落实物业的保修事宜

建筑工程的质量保修期一般是从办理交接手续之日起计算。而且，根据《建设工程质量管理条例》（2000年1月发布的国务院令第279号）第四十条的规定，在正常使用情况下，建设工程的最低保修期限为：基础设施工程，房屋建筑的地基基础工程和主体结构工程，为设计文件规定的该工程的合理使用年限；屋面防水工程，有防水要求的卫生间、房间和外墙面的防渗漏，为5年；供热与供冷系统，为2个采暖期、供冷期；电气管线、给排水管道、设备安装和装修工程，为2年。物业服务企业应与建设单位以合同形式，明确保修项目的内容、进度、原则、责任及方式等。

（1）重视书面移交手续

物业服务企业应认真核对移交单位提交的技术资料、产权资料的完整性和真实性，尤其是发生工程设计变更后的图纸资料。

（2）接管验收一定要写明接管日期，这是划清责任的界限

物业服务企业只对接管后的物业所产生的问题负责，如在保质期内，非人为因素的问题仍由发展商或施工单位负责。若由于发展商在施工验收合格后未能及时移交物业服务企业接管，使管理企业接管后的设备保质期缩短，物业服务企业应向发展商提出，争取补回原来的保质期。

第2节　物业入住管理

入住管理是物业服务企业接管物业后第一次与业主的零距离接触，也是物业服务企业展示企业形象、服务水平、专业能力的最佳契机，对物业服务企业的品牌建设和可持续发展具有深远影响。为此，物业服务企业必须做好充分的准备工作。

一、入住服务的资料准备

入住服务是物业管理单位在该项目首次直接面对业主提供服务，直接关系到业主对物业管理服务的第一印象。因此，物业管理单位要从各方面做好充分细致的准备，全面有效保障业主入住工作。

1. 住宅质量保证书及住宅使用说明书

住宅质量保证书是房地产开发商将新建成的房屋出售给购买人时，针对房屋质量向购买者做出承诺保证的书面文件，具有法律效力，开发商应依据住宅质量保证书上约定的房屋质量标准承担维修、补修的责任。

住宅使用说明书是指房地产开发商在交付住宅时提供给用户的，告知住宅安全、合理、方便使用及相关事项的文本。住宅使用说明书应当载明房屋平面布局、结构、附属设备、配套设施、详细的结构图（注明承重结构的位置）和不能占有、损坏、移装的住宅共有部位、共用设备，以及住宅使用规定和禁止行为。

2. 入住通知书

入住通知书是建设单位向业主发出的办理入住手续的书面通知。主要内容包括：

（1）物业具体位置。

（2）物业竣工验收合格及物业服务企业接管验收合格的情况介绍。

（3）准予入住的说明。

（4）入住具体时间和办理入住手续的地点。

（5）委托他人办理入住手续的规定。

（6）业主入住时需要准备的相关文件和资料。

（7）其他需要说明的事项。

3. 物业验收须知

物业验收须知是建设单位告知业主在物业验收时应掌握的基本知识和应注意事项的提示性文件。一般而言，主要内容包括：

（1）物业建设基本情况、设施设备的使用说明。

（2）物业不同部位保修规定。

（3）物业验收应注意事项及其他需要提示说明的事项等。

4. 业主入住房屋验收表

业主入住房屋验收表是记录业主对房屋验收情况的文本，通常以记录表格的形式出现。使用业主入住房屋验收表可以清晰地记录业主的验收情况。一般而言，主要内容包括：

（1）物业名称、楼号。

（2）业主、验收人、建设单位代表姓名。

（3）验收情况简要描述。

（4）物业分项验收情况记录及水、电、煤气等的起始读数。

（5）建设单位和业主的签字确认。

（6）物业验收存在的问题，有关维修处理的约定等。

（7）验收时间。

（8）其他需要约定或注明的事项。

5. 业主手册

业主手册是由物业服务企业编撰，向业主、物业使用人介绍物业基本情况和物业管理服务相关项目内容的服务指南性质的文件。一般而言主要包括以下内容：欢迎词、小区概况、物业服务公司及项目管理单位情况介绍、临时管理规约、小区内相关公共管理制度、物业装修管理指南、物业服务流程等。

6. 物业管理有关约定

业主办理入住手续时，物业管理单位要与业主签订有关物业管理约定，进一步明晰双方的权利和义务，在协议中应明确：

（1）物业服务费收费面积、收费标准及金额。

（2）物业服务费计费时段和缴费时间。

（3）物业服务费收缴方式（现金或托收等）。

（4）滞纳金及其计收比例。

（5）调整管理费的条件或其他情况。

二、入住服务的工作准备

1. 制订入住工作计划

建设单位和物业管理单位应在入住前一个月制订入住工作计划，由项目管理负责人审查批准，并报经上级主管部门核准。计划中应明确：入住时间、地点，负责入住工作的人员及职责分工，入住过程中使用的文件和表格，入住手续办理和程序，注意事项及其他情况。

2. 完成入住仪式策划

为了提高小区整体形象，有效加强与业主、物业使用人的沟通，通常由物业管理单位根据物业管理的特点及小区实际情况，组织举行入住仪式。参加人员有业主、物业服务企业代表、建设单位代表及其他有关人员。

3. 进行环境准备

在完成对物业的竣工验收和接管验收之后，物业管理单位要对物业共用部位进行全面彻底的清洁，为业主、物业使用人入住做好准备。同时，要布置好环境，保持道路通畅。遇有二期工程施工或临时施工情况，要进行必要隔离，防止安全事故发生。

4. 其他准备事项

（1）准备及布置办理入住手续的场地，如布置彩旗、标语，设立业主休息等待区等。

（2）准备及布置办理相关业务的场地，如电信、邮政、有线电视、银行等相关单位业务开展的安排。

（3）准备资料及预先填写有关表格。为方便业主，缩短工作流程，应对表格资料预先作出必要处理，如预先填上姓名、房号和基本资料等。

（4）准备办公用具，如复印机、计算机和文具等。

（5）制作标识牌、导视牌、流程图，如交通导向标志、入住流程、有关文件明示等。

（6）针对入住过程中可能发生的紧急情况，如交通堵塞、矛盾纠纷等，制定必要的紧急预案。

三、入住服务的管理

1. 入住流程手续

（1）持购房合同、入住通知书等进行业主登记确认。

（2）房屋验收，填写验房记录单。

（3）与开发商进行房款结算，取得最终房款发票。

（4）产权代办手续，提供办理产权相关资料，交纳办理产权所需费用。

（5）开发商开具证明，业主持此证明到物业服务公司办理物业入户手续。

（6）签署物业管理的相关文件，如物业委托管理协议、车位管理协议、装修管理协议等。

（7）交纳物业管理相关费用。

（8）领取提供给业主的相关文件资料，如住宅质量保证书，住宅使用说明书，房屋使用、维修、管理规约，住户手册，装修手册等。

（9）领取房屋钥匙。

2. 费用缴纳

建设单位或物业管理单位根据收费标准向业主、用户收取当期物业服务费及其他相关费用，并开具相应票据给业主、用户。

3. 验房及发放钥匙

（1）建设单位或物业管理单位陪同业主一起验收其名下的物业，登记水、电、气表起始数，根据房屋验收情况、购房合同，双方在业主入住房屋验收表上签字确认。

（2）向业主发放钥匙并记录。

（3）对于验收不合格的部分，物业管理单位应协助业主敦促建设单位进行工程不合格整改、质量返修等工作。若发现重大质量问题，可暂不发放钥匙。

4. 资料归档

业主物业验收及其他手续办理完结之后，物业管理单位应及时将已办理入住手续的房间号码和业主姓名通知门卫，并及时将各项业主、用户资料归档，妥善保管，不得将信息泄露给无关人员。

第 3 节　物业装修管理

为了保护物业管理区域内全体业主的合法权益，规范小区施工管理，保证建筑物的完好和安全，保持物业管理区域内的美观和清洁，物业服务企业必须对装修进行有效管理。

一、物业装修范围和时间管理

物业装修的区域应按照相关装修管理规定和业主权益予以限定，原则上应统一要求、统一形式。如室内装修只限于房屋本体单元内的自用部位；封闭阳台不得超过阳台顶部外边缘垂直投影面，封闭款式、材料力求统一等。

装修时间应根据各地不同的作息时间、季节变换及习惯习俗等综合确定。装修时间包括一般装修时间、特殊装修时间和装修期。

1. 一般装修时间

一般装修时间是指除节假日之外的正常时间。一般装修时间因地域和季节的差异而有所不同，如某些地区规定作业时间为 8：00—12：00，14：00—18：00；拆打时间为 8：30—11：30，14：30—17：30。

2. 特殊装修时间

特殊装修时间是指节假日休息时间。为保障其他业主的休息和正常生产生活秩序，原则上一般不允许在节假日进行装修。因特殊情况需要装修，应视具体情况相应缩短装修时间。

3. 装修期

装修期是指装修过程的完结时间。目前国家颁布的法规虽无明确规定，但一般情况下不超过 3 个月。

二、物业装修管理的要求

1. 物业装修管理重点检查的内容

为确保物业安全和全体业主的合法权益，物业装修管理应重点检查：

（1）有无变动建筑主体和承重结构。

（2）有无将没有防水要求的房间或者阳台改为卫生间、厨房间。

（3）有无扩大承重墙上原有的门窗尺寸，拆除连接阳台的砖、混凝土墙体。

（4）有无损坏房屋原有节能设施，降低节能效果。

（5）有无其他影响建筑结构和使用安全的行为。

（6）有无未经有关单位批准的下列行为：

1）搭建建筑物、构筑物。

2）改变住宅外立面，在非承重外墙上开门、窗。

3）拆改供暖管道和设施。

4）拆改燃气管道和设施。

5）超过设计标准或者规范增加楼面荷载的。

6）改动卫生间、厨房间防水层的。

2. 物业装修管理检查的其他内容

同时，还应注意检查以下方面：

（1）施工现场有无采取必要的安全防护和消防措施，有无擅自动用明火和进行焊接作业等。

（2）有无任意刨凿楼地面、穿凿梁柱等。

（3）楼地面铺设材料厚度是否超过 10 mm、新砌隔墙是否采用轻质材料等。

（4）是否符合物业装修公共及室外统一要求（如空调室外机的安装和排水的统一要求、阳台栏杆的统一要求等）。

（5）物业装修方案和材料的选择是否符合环保、节能的要求。

三、物业装修管理费用和垃圾清运管理

在我国物业管理实践中，装修管理收费的项目和标准因各地规定的不同，差别较大。为确保物业装修工程的有序进行，维护装修活动涉及各方的合法权益，目前较为通常和相对合理的做法是：在物业装修之前，由装修人和物业管理单位签订物业装修管理协议，约定物业装修相关事项和管理收费，并以此为依据规范各方行为。一般而言，物业装修管理协议中物业管理单位向装修人约定收取的费用包括管理服务费和垃圾清运

费。

1. 管理服务费

管理服务费是指因物业装修工程增加物业管理服务工作量而设置的临时性收费项目。国家对于具体的收费标准没有明确规定，一般由装修人和物业管理单位双方约定。该费用可向装修业主收取，也可向装修工程单位收取。

2. 垃圾清运费

垃圾清运费是指由装修工程所产生的垃圾的管理和清运费用。如业主按照要求管理并自行清运装修垃圾，则该费用可免予缴纳；否则，装修人应向物业管理单位缴纳该费用，装修垃圾由物业管理单位代为清运。

装修垃圾是装修管理中的一个重要内容，其对物业环境和业主，以及物业使用人的工作生活有着极大的影响，甚至会产生环保、安全等方面的隐患。因此，物业装修管理的基本要求是：

（1）装修垃圾需袋装处理。

（2）装修垃圾应按指定位置、时间、方式进行堆放和清运。

四、物业装修现场管理

1. 严把出入关，杜绝无序状态

由于装修工人的来源控制有极大的不确定性、施工过程中的自我约束不足、施工单位管理不力等原因，在物业装修期间，物业管理单位应严格物业区域出入口（包括电梯）的人员和材料管理。凡未佩戴物业装修施工标识的施工人员和其他闲杂人员，应一律禁止入内，保证装修人员管理的有序化、规范化。

装修材料和设备是装修违章的一个重要因素，应着重从以下两个方面加强控制和管理：

（1）核对是否为审批同意的材料。

（2）核对是否符合相关规定。

对于有特别要求的材料或设备（如电焊机），应按照规定办理相应手续；施工队须进行动火作业的，必须办理申报审批手续；进入物业区域的装修材料、设备等，应符合物业装修规定要求，否则拒绝入场。通过加强装修材料和设备的出入管理，杜绝不安全因素的出现。

2. 加强巡视，防患于未然

物业装修期间，物业管理单位要抽调专业技术人员、管理人员和保安力量，加大物业装修管理巡视力度，对有违规违章苗头的装修户，要重点巡视盯防，频繁沟通，做到防患于未然。出现违规违章行为的，要晓之以理，动之以情，必要时须报告有关行政主管部门处理。同时，要检查施工单位的施工人员是否如实申报和办理了施工证，强化施工人员的管理。

3. 控制作业时间，维护业主合法权益

物业装修管理要特别注意装修施工（尤其是拆打）的作业时间，避免影响其他业主和物业使用人的正常生活工作秩序。另外，还应针对不同的物业类型，制定相应的管理规定，区别对待。

4. 强化管理，反复核查

物业集中装修期间，要增派人力，做到普遍巡查和重点检查相结合。一方面，要检查装修项目是否为已登记的项目，一是要检查装修项目是否申报；二是检查装修、装饰物业的内容、项目有无私自增加，在巡视过程中发现新增装修、装饰项目的，须指导用户及时申报，办理相关手续。另一方面，要检查施工人员的现场操作是否符合相关要求，如埋入墙体的电线是否穿管，是否用合格的套管；施工现场的防火设备是否配备，操作是否符合安全要求，现场的材料堆放是否安全；垃圾是否及时清运，有无乱堆放，装修户门外是否保持清洁卫生等。

五、在物业装修中各方主体的责任

为了分清物业装修有关各方的责任，物业装修管理协议等相关文件应由装修人、施工单位及物业管理单位三方签字。物业装修过程中如出现违规、违章行为，造成公共权益受到侵害和物业损害的，物业管理单位应及时劝阻，对不听劝阻或造成严重后果的，物业管理单位应及时向有关部门报告。

1. 装修人和装修企业的责任

装修人是指业主或物业使用人，装修企业是指装修施工单位。装修人和装修企业在装修活动中的责任包括以下内容：

（1）因装修活动造成相邻住宅的管道堵塞、渗漏水、停水停电、物品毁坏等，装修人应当负责修复和赔偿；属于装修企业责任的，装修人可以向装修企业追偿。装修人擅自拆改供暖、燃气管道和设施而造成损失的，由装修人负责赔偿。

（2）装修人装修活动侵占了公共空间，对公共部位和设施造成损害的，由城市房地产行政主管部门责令改正，造成损失的，应依法承担赔偿责任。

（3）装修人未申报登记就进行住宅室内装修活动的，由城市房地产行政主管部门责令改正，并处罚款。

（4）装修人违反规定，将住宅室内装修工程委托给不具有相应资质等级企业的，由城市房地产行政主管部门责令改正，并处罚款。

(5) 装修企业自行采购或者向装修人推荐使用不符合国家标准的装修材料，造成空气污染超标的，由城市房地产行政主管部门责令改正，造成损失的，依法承担赔偿责任。

(6) 装修活动有下列行为之一的，由城市房地产行政主管部门责令改正，并处罚款：

1）将没有防水要求的房间或者阳台改为卫生间、厨房间的，或者拆除连接阳台的砖、混凝土墙体的，对装修人和装修企业分别处以罚款。

2）损坏房屋原有节能设施或者降低节能效果的，对装修企业处以罚款。

3）擅自拆改供暖、燃气管道和设施的，对装修人处以罚款。

4）未经原设计单位或者具有相应资质等级的设计单位提出设计方案，擅自超过设计标准或者规范增加楼面荷载的，对装修人和装修企业分别处以罚款。

(7) 未经城市规划行政主管部门批准，在住宅室内装修活动中搭建建筑物、构筑物的，或者擅自改变住宅外立面、在非承重外墙上开门、窗的，由城市规划行政主管部门按照《城乡规划法》及相关法规的规定处罚。

(8) 装修人或者装修企业违反《建设工程质量管理条例》的，由建设行政主管部门按照有关规定处罚。

(9) 装修企业违反国家有关安全生产规定和安全生产技术规程，不按照规定采取必要的安全防护和消防措施，擅自动用明火作业和进行焊接作业的，或者对建筑安全事故隐患不采取措施予以消除的，由建设行政主管部门责令改正，并处罚款；情节严重的，责令停业整顿，并处更高额度的罚款；造成重大安全事故的，降低资质等级或者吊销资质证书。

2. 物业服务企业和相关管理部门的责任

(1) 物业管理单位发现装修人或者装修企业有违反相关法规规定的行为不及时向有关部门报告的，由房地产行政主管部门给予警告，可处装修管理服务协议约定的装修管理服务费2～3倍的罚款。

(2) 物业装修行政主管部门的工作人员接到物业管理单位对装修人或者装修企业违法行为的报告后，未及时处理、玩忽职守的，应依法给予行政处分。

六、物业装修管理流程

1. 备齐资料

资料的准备由业主（或物业使用人）和施工队分别准备和提供。一般包括物业所有权证明，申请人身份证原件及复印件，装修设计方案，装修施工单位资质，原有建筑、水电气等改动设计和相关审批，以及其他法规规定的相关内容。物业使用人对物业进行装修时，还应当取得业主的书面同意。

2. 物业装修申报

用户在入住过程中，应已收到物业服务企业发出的装修手册及装修申报登记表。用户在装修施工前，须认真阅读装修手册，填写申报登记表，并提交管理单位登记备案。只有在物业管理单位对装修内容的登记备案完成之后，用户才能动工装修。

物业管理工作人员应要求和指导业主逐项填写装修申报登记表，确保各项申请明确无误，涉及专业部门（如水、电、气等）、建筑结构、消防等项目的，要求写明地点、位置或改变的程度及尺寸等详细数据和资料，必要时装修人或装修单位还应向有关部门申报核准。

3. 物业装修登记

物业管理单位在进行装修登记时，可以书面形式将装修工程的禁止行为和注意事项告知装修人和装修人委托的装修企业，并且督促装修人在装修开工前主动告知邻里。

物业管理单位应该在规定工作日（一般为 3 个工作日）内完成登记工作；超出物业项目管理单位管理范围的，应报主管部门。

物业管理单位应详细核查装修申请登记表中的装修内容，有下列行为之一的将不予登记：

（1）未经原设计单位或者具有相应资质等级的设计单位提出设计方案，擅自变动建筑主体和承重结构的。

（2）将没有防水要求的房间或者阳台改为卫生间、厨房间的。

（3）扩大承重墙上原有的门窗尺寸，拆除连接阳台的砖、混凝土墙体的。

（4）损坏房屋原有节能设施，降低节能效果的。

（5）未经城市规划行政主管部门批准搭建建筑物、构筑物的。

（6）未经城市规划行政主管部门批准改变住宅外立面，在非承重外墙上开门、窗的。

（7）未经供暖管理单位批准拆改供暖管道和设施的。

（8）未经燃气管理单位批准拆改燃气管道和设施的。

（9）其他影响建筑结构和使用安全的行为。

4. 签订物业装修管理服务协议

在物业装修之前，物业管理单位和装修人应签订物业装修管理服务协议，约定物业装修管理的相关事项，应当包括下列内容：

（1）装修工程的实施内容。

（2）装修工程的实施期限。

（3）允许施工的时间。

（4）废弃物的清运与处置。

（5）外立面设施及防盗窗的安装要求。

（6）禁止行为和注意事项。

（7）管理服务费用。

（8）违约责任。

（9）其他需要约定的事项。

5. 办理开工的一般手续

（1）业主按有关规定向物业管理单位（或指定方）缴纳装修管理服务费。

（2）装修施工单位应到物业管理单位办理开工证、出入证等。

（3）装修人或装修施工单位应备齐灭火器等消防器材。

6. 施工

物业装修施工期间，装修人和装修施工单位应严格按照装修申报登记的内容组织施工。

物业管理单位应按照物业装修管理服务协议做好管理和服务工作，加强现场检查，发现装修人或者装修施工单位有违反有关规定的行为，应当及时劝阻和制止；已造成事实后果或拒不改正的，应及时报告有关部门依法处理。对装修人或者装修施工单位违反物业装修管理服务协议的，应追究违约责任。

7. 验收

物业管理单位应当按照物业装修管理服务协议进行现场检查，对照装修申报方案和物业装修实际结果进行比较验收，验收合格后应签署书面意见。对因违反法律、法规和物业装修管理服务协议而验收不合格的，应提出书面整改意见，要求业主和施工方限期整改。若发生歧义、无法统一意见或业主拒不接受情况的，应报请城市管理有关行政部门处理，并将检查记录存档。

七、物业装修管理的注意事项

1. 服务与控制是装修管理过程的一对矛盾，如何处理充分体现了物业管理的水平与技巧。因而，如何做好控制和服务，解决好这一矛盾，在实现控制的基础上让业主获得最大限度的满意，树立良好服务形象，就需要物业管理各级各类人员真正做到坚持原则，熟悉装修管理规定，换位思考，为业主和物业使用人着想，规范操作行为。

2. 装修人在准备资料的阶段，常常不知道如何表达需做的装修项目，甚至因为语言表达不同，致使装修人与物业管理单位出现理解歧义。此时，物业管理人员有必要进行现场核对，避免出现漏项或错报项。

3. 在装修项目申报登记时，物业管理单位必须到现场对所附图纸进行核对，以防有漏项或有大的拆动项目漏报。

4. 在办理开工手续前，物业管理方需确认装修施工的相关手续是否已经完备。

5. 在施工过程中，物业管理方应注意现场是否有未申报项目和材料；是否存在违反有关装修法规的行为（如装修中是否注意防火安全，有无使用电炉等火源等）；装修工程是否对公共秩序、公共安全，以及毗邻业主或物业使用人构成侵害。

6. 验收工作是装修管理的最后一道工序，也是控制违章的最后一关。如果在此之前已经发现了违章，助理物业管理师则需在处理违章后再进行验收工作。

7. 对于物业装修过程中的违规违约行为，应根据相关法规、业主公约及物业装修管理服务协议进行处理。

8. 装修资料的一部分为业主资料，如申报表、装修图、施工人员资料等；另一部分为操作记录表。

第 4 节　房屋维修管理

房屋维修管理是物业管理的重要环节。为了保证房屋正常地发挥其使用功能，延长其使用寿命，必须经常进行维修和养护。具体来说，房屋维修包括物业服务企业对房屋的日常保养、对破损部位的修缮，以及对不同等级房屋功能的恢复、改善、装修及结合房屋的维修加固，增强房屋的抗震能力等。

一、房屋维修的特点

维修与新建的对象都是房屋建筑，在设计和施工理论上是相通的，因而它们有共性的一面。但是由于房屋维修与新建房的应用理论不同，所以又有其各自的特点。

1. 房屋维修是在已有房屋的基础上进行的，是对房屋的构件、部分项目进行养护维修，局部或全部的更新、修复。因此，工作上受到原有条件的限制，设计和施工都只能在一定的范围内进行，往往是借鉴原有物业的构造、部件、装饰、布局等，发展建筑维修技术与艺术。

2. 房屋使用期限长，在使用中由于自然或人为因素的影响，导致房屋的损坏或使用功能的减弱。而且，由于房屋所处的地理位置、环境和用途的差异，即使同结构的房屋，其使用功能减弱的速度和损坏的程度也是不等的。因此，房屋的维修是经常性的、大量的工作。

3. 房屋维修项目多，涉及面广，零星分散，各类房屋装修材料的品种、规格多，备用材料的品种和规格也多。有些材料可以用新材料代替，通过修缮工程的实践、观察、研究、总结，可以改进旧房的结构与装修。

4. 房屋维修由于要保持原有的建筑风格和设计意图，并与周围环境相协调，因此技术要求较高。由于房屋维修的这种特殊性，决定了它有独特的设计、施工技术和操作技能的要求，而且对不同建筑结构、不同等级标准的房屋，采用的装修标准也不同。

5. 房屋维修具有生产和服务双重性。生产性是指房屋维修过程中必然会结合增添设备、改进装饰装潢、改善结构等项工作。通过维修可使房屋增值。服务性是指房屋维修的基本目的是为住户提供服务，保证房屋的正常和安全使用。

二、房屋维修的原则

1. 经济、合理、安全、实用原则

经济就是要加强维修成本管理、维修资金和维修定额的管理，合理使用人、财、物，努力做到少花钱多办事；合理就是要求制订合理的房屋维修计划和方案；安全就是要通过房屋维修使住户居住安全；实用就是要从实际出发，因地制宜、因房不同地进行维修，满足用户在房屋使用功能和质量上的要求，充分发挥房屋的功能。

2. 区别对待原则

区别对待是指对不同类型、不同建筑风格、不同结构、不同等级标准的房屋，应采取不同的维修标准和装修方案。根据房屋建筑的年限，可把房屋划分为新建物业和旧房屋两大类。

对于新建物业，维修工作主要是做好房屋的日常养护，保持原貌和使用功能。对于旧房屋，应根据建造的历史年代、结构、质量状况、住宅使用标准、环境及所在地区的特点等条件，综合城市总体规划要求，分别采取不同的维修改造方案。

3. 服务原则

在房屋维修管理上切实做到为业主或物业使用人服务，建立、健全合理的房屋维修服务制度。房屋维修管理人员要牢牢树立为业主或物业使用人服务的思想，改善服务态度，提高服务质量，认真解决业主或物业使用人急需解决的维修问题。这是房屋维修管理的基本原则。

4. 有偿原则

按照价值规律、商品经济等价有偿的原则，房屋维修需投入建材、人工、机器、工具等，交付使用后应收回成本，并产生适当的利润。但物业服务公司需要通过提高科学技术水平和生产管理水平，节约资金，以最少的消耗达到多修房、修好房的要求。

三、房屋维修管理的内容

房屋维修管理涉及的面比较广，包括房屋的安全检查、房屋维修计划管理、房屋维修技术管理、房屋维修质量管理、房屋维修施工管理和房屋维修档案资料管理等。

1. 房屋的安全检查

房屋的安全检查是房屋使用、管理、维护和修理的重要依据。定期和不定期地对房屋进行检查，随时掌握房屋的健康状况，不仅能及时发现房屋的危、损情况，抢修加固，解除危险，而且还能为科学地管理房屋和修缮房屋提供依据，正确地督导房屋使用，延长房屋的寿命。

2. 房屋维修计划管理

物业服务企业应根据物业区域内房屋的实际情况，以及各类房屋的建筑、设备、设施的保养、维修、更新周期等，制订切实可行的房屋维修计划，并积极组织力量，保证计划的完成，确保物业的正常使用，维护业主和物业使用人的正当权益。

3. 房屋维修技术管理

物业服务企业应根据环境保护部 1985 年 1 月 1 日起在房地产管理部门试行的《房屋维修技术管理规定》，组织查勘、鉴定，掌握房屋完损情况，按房屋的实际用途和完损情况，拟订维修方案；日常维护，有计划地组织房屋按年轮修；分配年度维修资金、审核维修方案和工程预决算，与施工单位签订施工合同；配合施工单位，适当安置住户，保证维修工作的顺利进行；监督施工单位按规定要求施工，确保工程质量；竣工后，进行工程验收；组织自行施工的维修工程的施工管理，进行工料消耗、工程质量的检查鉴定；建立健全房屋的技术档案，并进行科学管理等。

4. 房屋维修质量管理

物业服务企业应根据《建设工程质量管理条例》及《房屋修缮工程质量检验评定标准》等，强化维修工程的质量监督、检查、验收与评定，完善维修工程的质量保修制度。

5. 房屋维修施工管理

物业服务企业通过对维修工程的计划、组织、协调和监督，实现房屋维修的预定目标。而且，不论是物业服务企业的自有维修队伍，还是对外委托的专业维修队伍，均应做好具体维修施工作业的计划管理、组织管理、现场管理、质量与安全管理、机械设备与材料管理、成本管理等工作。

6. 房屋维修档案资料管理

物业服务企业在制订房屋维修计划，确定房屋维修、改建等方案，实施房屋维修工程时，不可缺少的重要依据便是房屋建筑的档案资料。因此，为了更好地完成房屋维修任务，加强房屋维修管理，就必须设置专门部门和专职人员对房屋维修档案资料进行管理。房屋维修所需要的档案资料主要包括以下几个方面：

（1）房屋新建工程、维修工程竣工验收时的竣工图及有关房屋原始资料。

（2）现有的有关房屋及附属设备的技术资料。

（3）房屋维修的技术档案资料。

四、房屋的日常养护

1. 房屋日常养护的类型

房屋日常养护可分为零星养护和计划养护两种类型，具体表现为：

（1）零星养护

房屋的零星养护修理指结合实际情况确定或因突然损坏引起的小修，包括：

1）屋面筑漏（补漏），修补屋面，修补泛水、屋脊等。

2）钢、木门窗的整修、拆换五金、配玻璃、换纱窗、油漆等。

3）修补楼地面面层，抽换个别楞木等。

4）修补内外墙、抹灰、窗台、腰线等。

5）拆砌挖补局部墙体、个别拱圈，拆换个别过梁等。

6）抽换个别檩条，接换个别木梁、木柱，修补木楼等。

7）水卫、电气、暖气等设备的故障排除及零部件的修换等。

8）下水管道的疏通，修补明沟、散水、落水管等。

9）房屋检查发现的危险构件的临时加固、维修等。

零星养护的特点是修理范围广、项目零星分散、时间急、要求及时，具有经常性的服务性质。

（2）计划养护

要管好房子，不能等到问题出现后再采取补救措施，要制定大、中、小修三级修缮制度，以保证房屋的正常使用，延长其整体的使用寿命，这就是房屋的计划养护。例如，房屋的纱窗每3年左右就应该刷一遍铅油保养。这种定期保养、修缮制度是保证房屋使用安全、完好的非常重要的制度。一般楼宇的保养周期表见表3—1，一般楼宇设施翻新周期表见表3—2。

表3—1　　一般楼宇的保养周期表

部　位	事　项	周　期
楼宇内、外墙	走廊及楼梯粉刷	每3年1次
	修补粉刷外墙	每5～6年1次
供水系统	检查及调试各水泵	每半个月1次
	清洗水池	每半年一次
电梯	例行抹油及检查	每周1次
	全面维护保养及安全性鉴定	每年1次
消防设备	日常巡视及保养	每周1次
	聘用政府认可的消防设备保养公司做检查及维修并向消防处提交报告	每年1次
沟渠	清理天台雨水筒及渠闸	每周1次
	清理明渠及沙井之沉积物	每2周1次
机器栏杆	检查锈蚀的窗框、栏杆、楼梯扶手	每月1次
	油漆	每年1次

表3—2　　一般楼宇设施翻新周期表

种　类	项　目	更新周期（年）
楼宇附加装置	屋顶覆盖层	20
	窗	20
	门	30
	五金器具	20
修饰	墙壁	15
	地板	10
	天花板	20
供水及卫生设备	喉管	30
	洁具	20
电力	电线	30
	电力装置	15
通风	空调	15
其他	电梯及自动扶梯	20

物业服务企业应根据具体楼宇所选用的设备、材料型号的质量来推算其使用年限。另外，还要做好季节性的预防保养工作，例如，防台风、防汛、防梅雨、防冻、防治白蚁等。

2. 房屋日常养护的内容

（1）地基基础的养护

1）检查有无超载现象。地基基础上部结构使用荷载分布不合理或超过设计荷载，会危及整个房屋的安全，而在基础附近的地表面堆放大量材料或设备，也会形成较大的堆积荷载，使地基由于附加压力增大而产生附加沉降。因此，要对日常使用情况进行检查监督，防止不合理超载现象的发生。

2）防止地基浸水。地基浸水会使地基基础产生不利的工作条件。因此，对于地基基础附近的用水设施，如绿化、上下水管、暖气管道等，要注意检查工作情况，防止漏水。同时，要对房屋四周排水设施，如排水沟、散水等进行检查，不使地基附近出现积水现象。

3）防止基础受损。勒脚位于基础顶面，起到基础防水的作用。勒脚破损或严重腐蚀剥落将影响到基础的受力状态，也会因防水失效而产生雨水浸入基础的现象。

4）防止地基冻害。在季节性冻土地区，要注意基础的保温工作。对按持续供热设计的房屋，不宜采用间歇供热，并应保证各房间采暖设施齐备有效。如在使用中有闲置不采暖房间，尤其是与地基基础较近的地下室，应在寒冷季节将门窗封闭严密，防止冷空气大量进入，如还不能满足要求，则要增加其他保温措施，以防冷空气进入引起基础冻害。

（2）楼地面的养护

1）经常用水房间楼地面的有效防水。对厨房、卫生间等经常用水的房间，一方面要注意保护楼地面的防水性能，另一方面须加强对上下水设施的检查与保养，防止管道漏水、堵塞，造成室内外长时间积水而渗入楼板，导致侵蚀损害。一旦发现问题应及时处理或暂停使用。

2）避免室内受潮与虫害。由于混凝土防潮有限，在紧接土壤的楼层或房间，水分会通过毛细现象透过地板或外墙渗入室内；而在南方，空气湿度经常持续在较高的水平，常因选材不当而产生返潮现象。这是造成室内潮湿的两种常见原因。室内潮湿不仅影响使用者的身体健康，也会因大部分材料在潮湿环境中容易发生不利的化学反应而变质失效，如腐蚀、膨胀、强度减弱等，所以必须针对材料的各项性能指标，做好防潮工作，如保证室内有良好的通风等。

建筑虫害通常出现在较难发现的隐蔽性部位，应做好预防工作。

3）控制与消除装饰材料的副作用。装饰材料的副作用主要是针对有机物而言的，如化学黏合剂、塑料、化纤织物、油漆涂料等，常在适宜的条件下产生大量有害物质，危害人的身心健康，以及正常工作与消防安全。所以，在选用有机装饰材料时，必须对它所能产生的副作用采取相应的控制与消除措施。

（3）装饰工程的养护

1）裱糊工程的养护。发现壁纸翘边、起泡应及时修理。客户平时要经常掸除上边的浮土灰尘。壁纸上不要钉钉子，更不要在壁纸上乱涂乱画。搬抬家具物品注意保护壁纸以免碰破。室内门窗在下雨天注意关好，平时多开窗通风，防止室内壁纸潮湿。要注意防火防水。

2）饰面工程的养护。检查饰面各部位，如发现有缝应及时修补，对墙面凸起部分、块料面层角的裂缝或破碎部分也要详细检查，发现问题及时处理。检查窗台、腰线等突出部分的稳固情况，注意饰面的破损、脱落、裂缝。在使用过程中，饰面上必须打孔洞时，应由专业人员操作。严禁硬物碰撞饰面，搬抬重物和家具经过饰面时，要对饰面进行保护。对室内釉面砖进行擦洗不应用强酸强碱，应用淡肥皂水或清水擦洗，以免损坏灰缝和釉面。大理石板对有色液体易吸收，又不易擦掉，在使用中注意不要把有色液体弄到大理石饰面上，以防污染。饰面应定期进行清洗以保持清洁。

3）花饰安装工程的养护。花饰工程要定期检查。注意检查空鼓、螺钉和螺栓的紧固情况，有松动的螺母应及时拧紧，缺少的螺母应补上。检查花饰的稳固情况，砌筑的花饰有凸出平面的应及时修整或拆砌。花饰污染严重的要定期清洗，裂缝掉角的应及时修补。

（4）门窗的养护

1）宣传养护制度。客户进住时要书面向其进行宣传，内容包括门窗使用须知，并配合口头讲解。维修时对损坏的原因有针对性地向客户说明，同时对门窗其他部位的养护方法进行宣传。客户在使用过程中的保护，是门窗养护的重要环节，是延长门窗使用寿命的重要措施。

2）经常清洁检查，发现问题及时处理。门窗构造比较复杂，应经常清洁，防止积垢而影响正常使用，如关闭不严等。发现门窗变形或构件短缺失效等现象，应及时修理或申请处理，防止对其他部分造成破坏或发生意外。

3）定期更换易损部件。对于使用中损耗较大的部件应定期检查更换，需要润滑的轴心或摩擦部位要经常采取相应润滑措施；如有残垢，还要定期消除，以减少直接损耗，避免间接损失。

4）北方地区外门窗冬季养护。北方地区冬季气温低、风力大、沙尘多，外门窗易受损坏。所以，应做好养护工作。如采用外封闭式封窗，可有效控制冷风渗透与缝隙积尘。长期不用的外门，也要加以封闭，卸下的纱窗要清洁干燥，妥善保存，防止变形或损坏。

5）加强窗台与暖气的使用管理。禁止在窗台上放置易对窗户产生腐蚀作用的物品。北方冬季还应注意室内采暖设施与温度的控制，使门窗处于良好的温湿度环境中，避免出现凝结水或局部过冷过热现象。

（5）楼梯、走廊、阳台的养护

1）楼梯、走廊、阳台的养护措施。由于楼梯、走廊、门厅这些部位的特殊作用，它们在结构设计上都属于加强的部位，一般在结构上不会低于楼房主体结构本身。但是，如果不加强维护管理也同样要大大降低这些设施的使用寿命，增加不必要的维修费用。因此，每次进行房屋检查时，都必须把楼梯等部位作为重点，不放过任何一点隐患。由于楼梯、门厅、过道等绝大部分共用部位都在客户的房间外面，往往被客户忽视，出现一些小的损坏也无人申报维修，日积月累，就会造成严重的损坏。每年房屋联检时，要重点对楼梯等部位进行安全检查。对楼梯梁、平台梁及其与墙砌体的局部承压结合部位、过道板等更要特别注意。各种混凝土构件有轻微剥落、破损的，应及时修补。

2）强化阳台的养护。阳台是容易产生安全隐患的部分，因此对阳台的养护管理要给予格外重视。检查阳台首先要检查阳台的使用状况是否符合要求，有无严重的超载现象；其次要检查阳台的平台与房屋墙壁结合的牢固程度，有无裂缝。如发现阳台的状况不良，要及时采取措施。

（6）屋面工程的养护

1）定期清扫，保证各种设施处于有效状态。一般非上人屋面每季度清扫1次，防止堆积垃圾、杂物及非预期植物的生长，遇有积水或大量积雪时，应及时清除，秋季要防止大量落叶、枯枝堆积。在使用与清扫时，应注意保护重要排水设施，如落水口、防水关键部位，以及大型或体形较复杂建筑的变形缝。

2）定期检查、记录，并对发现的问题及时处理。定期组织专业技术人员对屋面各种设施的工作状况按规定项目内容进行全面检查并填写检查记录。对非正常损坏要查找原因，防止产生隐患；对正常损坏要详细记录损坏程度。检查后，对所发现的问题及时汇报处理，并适当调整养护计划。

3）严格执行维修制度。在定期检查、养护的同时，根据屋面综合工作状况进行全面的小修、中修或大修，可以保证其整体协调性，延长其整体使用寿命，尽可能在长时期内获得更高的经济效益。

4）加强屋面使用的管理。在屋面的使用中，要防止产生不合理荷载与破坏性操作。上人屋面在使用中要防止污染、腐蚀等常见的不良现象，在使用期应有专人管理。屋面增设各种设备，如天线、广告牌等，首先要保证不影响原有功能（包括上人屋面的景观要求），其次要符合整体技术要求。

（7）通风道的养护

在房屋使用过程中，对通风道要定期进行检查和保养，发现问题及时解决。

1）要逐层逐户对每一根通风道的使用情况，有无裂缝、破损、堵塞等情况进行检查。发现不正确使用通风道的行为要及时制止，发现损坏要认真记录、及时修复。

2）在楼顶通风道风帽处测通风道的通风状况，并用铅丝悬挂大铅锤放入通风道，检查通风道是否畅通。

3）通风道发现小的裂缝可用素水泥浆填补，较大的裂缝可用 1∶1 水泥砂浆填补。严重损坏的在房屋大修时应彻底更换。

此外，物业管理员应大力加强对客户的宣传教育，提高客户的认识，从而保证爱护和正确使用房屋的通风道。

五、房屋维修标准

房屋维修标准按主体工程，木门窗及装修工程，楼地面工程，屋面工程，抹灰工程，涂料粉饰工程，水、电、卫、暖等设备工程，金属构件及其他工程九个分项工程进行确定。

1. 主体工程维修标准

主体工程主要指屋架、梁、柱、墙、楼面、屋面、基础等主要承重构部件。当主体结构损坏严重时，不论对哪一类房屋维修，均应要求牢固、安全，不留隐患。

2. 木门窗及装修工程维修标准

木门窗维修应开关灵活，不松动，不透风；木装修工程应牢固、平整、美观，接缝严密。一等房屋的木装修应尽量做到原样修复。

3. 楼地面工程维修标准

楼地面工程维修应牢固、安全、平整、美观，拼缝严密，不空鼓开裂，卫生间、厨房、阳台地面无倒泛水现象。如厨房、卫生间长期处于潮湿环境，可增设防潮层；木基层或夹砂楼面损坏严重时，应改做钢筋混凝土楼面。

4. 屋面工程维修标准

屋面工程必须确保安全，要求平整、不渗漏，排水畅通。

5. 抹灰工程维修标准

抹灰工程应接缝平整、不开裂、不起壳、不起泡、不松动、不剥落。

6. 涂料粉饰工程维修标准

各种内、外墙涂料，以及地面涂料，均属保养范围。应制定养护周期，以达到延长房屋使用年限的目的。对木构件和各类铁构件应进行周期性涂料保养。涂料粉饰要求不起壳、不剥落、色泽均匀，尽可能保持与原色一致。

7. 水、电、卫、暖等设备工程维修标准

房屋的附属设备均应保持完好，保证运行安全，正常使用。电气线路、电梯、安全保险装置及锅炉等应定期检查，严格按照有关安全规程定期保养。对房屋内部电气线路破损老化严重、绝缘性能降低的，应及时更换线路；当线路发生漏电现象时，应及时查清漏电部位及原因，进行修复或更换线路。对供水、供暖管线应作保温处理，并定期进行检查维修。

8. 金属构件维修标准

应保持牢固、安全、不锈蚀。

9. 其他工程维修标准

对物业服务企业管理的庭院院墙、院墙大门、院落内道路、沟渠下水道、窨井损坏或堵塞的，应修复或疏通；庭院绿化不应降低绿化标准，并注意对庭院树木进行检查、剪修，防止大风暴雨时对房屋造成破坏。

此外，对坐落偏远、分散、不便管理，且建筑质量较差的房屋，维修时应保证满足不倒不漏的基本住用要求。

房屋维修应注意做到与抗震设防、白蚁防治、改善居住条件等相结合。

六、房屋维修工程考核指标

房屋维修工程考核指标是考核房屋维修工程量、工程质量及房屋维修管理服务质量的重要指标。主要有以下几种指标：

1. 房屋完好率

房屋完好率是指完好房屋的建筑面积加上基本完好房屋的建筑面积之和，占总的房屋建筑面积的百分比。一般要求房屋完好率达到50%～60%（新房屋除外）。其计算公式为：

$$房屋完好率=\frac{完好房屋建筑面积+基本完好房屋建筑面积}{总的房屋建筑面积}\times 100\%$$

2. 大、中修工程质量合格（优良）品率

大、中修工程质量合格（优良）品率是指报告期经评定达到合格（优良）品标准的大、中修单位工程数量（建筑面积表示）之和，与报告期验收鉴定的单位工程数量之和的百分比。一般要求大、中修工程质量合格品率达到100%，优良品率达到30%～50%。其计算公式为：

$$大、中修工程质量合格（优良）品率=\frac{报告期合格（优良）品建筑面积之和}{报告期验收鉴定建筑面积}\times 100\%$$

3. 小修工程的考核指标

小修工程的考核指标主要有定额指标、服务指标、安全指标及经费指标。

（1）定额指标

定额指标包括人工定额和材料定额。

1）人工定额是指每个小修养护人员应完成的小修养护工程量。人工定额是考核小修养护人员劳动生产率利用效果的指标。当小修养护工人的劳动生产率大于或等于人工定额时，就说明劳动生产率利用效果较好，就能达到降低小修养护成本的目的。

2）材料定额是指完成一定的合格小修养护工程所需耗用的材料量，是考核小修工程材料成本降低率的一个指标，也是考核小修养护工程是否充分利用旧料的一个重要指标。一般来说，小修工程中的材料消耗不超过或低于材料消耗定额指标，就说明小修工程降低材料成本的措施是有效的。

（2）服务指标

服务指标包括走访查房率、小修养护计划完成率和小修养护及时率。

1）走访查房率是指物业服务企业每月走访查房户数与所辖区内住（用）户总户数的百分比，可分为月度走访查房率和季度走访查房率。在计算走访查房率时，若在月度（季度）内走访同一户超过一次的均按一户计算。一般要求管理员月走访查房率大于50%以上，季走访查房率等于100%。其计算公式为：

$$\text{月（季）走访查房率}=\frac{\text{当月（季）走访查房户数}}{\text{辖区内住（用）户总数}}\times 100\%$$

2）小修养护计划完成率是指物业服务企业当月完成的属小修养护计划内项目的户次数和当月养护计划安排的户次数之比。小修养护计划完成率一般要求达到80%以上，遇到特殊情况或特殊季节可统一调整养护计划完成率。其计算公式为：

$$\text{月养护计划完成率}=\frac{\text{当月完成计划内项目户次数}}{\text{当月养护计划安排的户次数}}\times 100\%$$

3）小修养护及时率是当月完成的小修养护户次数与当月全部报修中的应修户次数之比。一般来说，月（季）小修养护及时率要达到99%以上。其计算公式为：

$$\text{月（季）小修养护及时率}=\frac{\text{当月（季）完成的小修养护户次数}}{\text{当月（季）全部报修中应修户次数}}\times 100\%$$

公式中，当月（季）全部报修中应修的户次数是指剔除了经专业人员实地查勘后认定不属小修养护范围，并已做其他维修工程安排的和因故不能安排小修的报修户次数。

（3）安全指标和经费指标

1）安全指标是考核小修养护工程是否确保住（用）和小修安全的指标，包括事故率、违章率，要求小修工程中的事故率和违章率降为最低。

2）经费指标是考核小修养护工程是否节约使用小修工程经费的指标，一般是指实际使用小修养护的费用与计划或预算的小修养护费用之比。

七、房屋维修养护管理制度的制定

在房屋维修管理过程中，需要制定一系列规章制度，其中包括定期检查维修制度、巡回检修及抢修制度、房屋维修管理的责任范围制度和定期保养、维修制度。

1. 定期检查维修制度

定期检查维修制度包括定期普查制度、冬雨检查制度以及大风、大雨雪、有感地震以后的临时检查制度等。对于房屋的不同结构部位及不同装修设备还要有定期维修更换制度。工程管理部门一般每年都要对所管房屋进行一次全面普查，普查大都利用冬闲时间，安排在每年年初至 3 月 15 日前完成。房屋普查要逐幢逐间对房屋的使用状态、基础、结构、材料的破损变形受力状况、装修设备的完好状况逐项进行全面检查，认真记录，并对整幢房屋及各分项的完好等级做出准确评价，填列表格，以便房管部门安排年度维修计划。普查应由房管员直接负责本管片的房屋普查，对重要建筑物及重点危旧房屋还要配备必要的专业技术人员。每次普查发现的问题都要及时汇总分析，及时安排维修。

2. 巡回检修及抢修制度

确保房屋的安全仅有定期检查维修制度是远远不够的，还必须进行经常性的检修。当出现火灾、爆炸、雷击、漏电、塌房等意外灾害事故时，还要有必要的抢修制度。一般情况下，要求每个物业管理员每个月至少对所管房屋走访一遍，水、电、电梯等维修人员必须 24 h 值班，做到零修不过夜、急修不超过 4 h。同时，维修人员还要坚持对所分管房屋随时进行巡回检查，随时发现各种需要维修保养的隐患。当发生各种意外灾害时，要求抢修人员在事故发生 1 h 内及时赶到现场进行全力抢修。

3. 房屋维修管理的责任范围制度

房屋维修管理是一项十分复杂的系统工程。从产权的多元化到房屋使用范围的自用和共用，如果没有明确的维修责任的划分，业主和物业服务企业的利益都难以保证。另外，物业服务企业应对所管房屋各项检修范围责任落实到人，资金、材料落实到班组。每一间房屋都要建立完备的档案和检修记录。对重要建筑物和危险房屋还要委派专人定时巡回检修。

4. 定期保养、维修制度

要保证房屋的完好率，并尽可能延长其有效使用寿命，取得较大的经济效益，在房屋的管理维修方面就绝不能只修不养。要订立科学的保养、更换制度，以保证房屋的正常使用，延长其使用寿命。例如，房屋的纱窗每 3 年左右就应该刷一遍铅油保养；外墙每 10 年应彻底进行一次检修加固，更换脱落、风化、碱酥、松动的砖。定期保养、更换维修是保证房屋使用安全、完好的非常重要的制度。

第 5 节　房屋附属设备管理

房屋附属设备是指附属于建筑物的各类设备的总称，它是发挥房屋功能、实现房屋价值的物质基础和必要条件。

一、房屋附属设备的分类

1. 给排水系统

房屋给排水系统是指房屋建筑内部附属设备中的生活用水、设备用水、消防用水、中水回收和利用及污水排放的工程设施的总称。房屋给排水系统包括：

(1) 房屋的供水设备

房屋的供水设备可以划分为供水箱、供水泵、小水表、供水管网四个方面。但按用途划分，基本上可分为生活用水、生产用水和消防用水三种。该三种给水系统，有些并不一定需要单独设置，可按水质、水压、水温及室外给水系统情况，考虑技术、经济和安全条件，将其相互组成不同的共用系统，如生产、生活、消防共用给水系统，生活、消防共用给水系统等。

(2) 房屋的排水设备

房屋的排水设备是指房屋设备中用来排除生活污水和屋面雨雪水的部分，它包括排水管道、通气管、清通设备、抽升设备、室外排水管道等。但是根据接纳污（废）水性质，建筑物中的排水道可分为生活污水管道、工业废水管道、室内雨水管道。

(3) 房屋的卫生设备

房屋的卫生设备是指房屋建筑内部附属设备的卫生部分，包括浴缸、水盆、小便器、抽水马桶、面盆等。

(4) 房屋的热水供应设备

房屋的热水供应设备是指房屋建筑内部附属设备中的热水供应部分，包括淋浴器、供热水管道、热水表、加热器、循环管、自动温度调节器、减压阀等。

(5) 房屋的消防设备

房屋的消防设备是指房屋建筑内部附属设备中的消防装置部分，包括消防水池或水箱、消防栓、水枪、灭火瓶、消防龙头、消防泵等。

2. 电气工程系统

(1) 房屋的供电设备

房屋的弱电设备是指房屋建筑附属设备中的供电部分，包括铁盒子、电表、总开关、供电线路、户外型负荷开关、户内型漏电保护自动开关、照明器等。

(2) 房屋的弱电设备

房屋的弱电设备是指房屋建筑附属设备中的弱电设备部分，包括广播设备、通信及网络设备、消防报警设备、电视监控设备、闭路共用天线电视系统设备。

(3) 房屋的电梯设备

房屋的电梯设备是指房屋建筑内部附属设备中的载运人或物品的一种升降机，是高层建筑中不可缺少的垂直运输设备，包括电梯机房、轿厢、井道等部分。

3. 供暖、供冷、通风系统

(1) 室内供暖设备

室内供暖设备是指房屋设备中用来供暖的部分，它包括锅炉壁炉、鼓风机、散热器、循环泵等设备。室内供暖系统有各种各样的型式，按所用带热体（热媒）不同，可分为热水供暖系统、蒸汽供暖系统和电供暖系统。一般民用建筑大多采用热水供暖系统。

(2) 室内供冷设备

室内供冷设备是指房屋建筑设备中可以使空气流动、给房屋使用者带来凉爽感觉的部分，它包括制冷机、深井泵、空调机、电扇、冷却塔、循环泵等设备。

(3) 室内通风设备

室内通风设备是指房屋建筑内部附属设备中的通风部分，它包括通风机、排风管道及一些净化除尘设备等。

4. 燃气设备系统

房屋的燃气设备包括燃气灶、燃气表、燃气管道、燃气管网等。

5. 房屋防雷装置

一般建筑物的防雷设施有针式和带式两大类，避雷针又可分为单支、双支、多支保护等几种形式。避雷设施一般由接闪器（避雷针、避雷带）、引下线和接地线三个部分组成。接闪器、引下线、接地线等各种防雷部分都要按照有关规范的具体要求装置，才能防止雷击的危害。

二、房屋附属设备维修和保养分类

1. 房屋附属设备维修的分类

房屋附属设备的维修是通过修复或更换零件、排除故障、恢复设备原有功能所进行的技术活动。房屋设备维修根据设备破损程度可分为：

（1）零星维修工程

零星维修工程是指对设备进行日常的保养、检修及为排除运作故障而进行局部修理，零件更换率小于10%。

（2）中修工程

中修工程是指对设备进行正常的和定期的全面检修、对设备部分解体修理和更换少量磨损零部件，保证能恢复和达到应有的标准和技术要求，使设备正常运转。零件更换率为10%～30%。

（3）大修工程

大修工程是指对房屋设备定期进行全面检修，对设备要进行全部解体，更换主要部件或修理不合格零部件，使设备基本恢复原有性能。零件更换率一般超过30%。

（4）设备更新和技术改造

设备更新和技术改造是指设备使用一定年限后，技术性能落后，效率低、耗能大或污染日益严重，需要更新设备，提高和改善技术性能。

（5）故障维修

通常是房屋设备在使用过程中发生突发性故障而停止，检修人员采取紧急修理措施，排除故障，使设备恢复功能。

2. 房屋附属设备保养的分类

房屋附属设备的保养是指物业服务企业主管部门和供电、供水、供气等单位对设备所进行的常规性检查、养护、维修等工作。通常采用三级保养制（即日常维护保养、一级保养和二级保养）。

（1）日常维护保养

日常维护保养是指设备操作人员所进行的经常性的保养工作。主要包括定期检查、清洁保养，发现小故障及时排除，及时做好维护工作并进行必要记录等。

（2）一级保养

一级保养是由设备操作人员与维修人员按计划进行保养维修工作。主要包括对设备的某些局部进行解体清洗，按照设备磨损规律进行定期保养。

（3）二级保养

二级保养是指设备维修人员对设备进行全面清洗、部分解体检查和局部修理、更换或修复磨损零件，使设备达到完好状态。

（4）设备点检

设备点检是指根据要求利用检测仪器、设备或人的感觉器官，对某些关键部位进行的检查。

三、房屋附属设备日常养护管理

1. 给排水系统的日常养护管理

（1）给水系统的日常养护管理

1）室内给水系统的养护是十分重要的。对给水管道应进行定期检查维护，一般规定半年进行一次。查看管道表面有无锈蚀现象，若有锈蚀脱皮现象应及时维修，若管道锈蚀严重，可考虑更换新管道。

2）室内给水系统中的阀件也应进行定期检查维修，检查阀杆是否灵活好用，使用是否正常，发现问题应及时修好。

3）对给水系统管道的保温层也应进行维护和检查，检查露在外部的保温层、隔气层有无被碰坏或自然脱落现象，如有损坏应及时修补。

4）对室外给水和消防给水管道的养护要注意埋设给水管道的地面上部不允许超重堆放物品，不允许大量放置对水质有严重污染的化学品、剧毒品，防止腐蚀和污染管道。要经常巡回检查埋设管道的地面上部覆土是否被挖削或被雨水冲刷而减薄，发现情况及时处理。室外给水和消防给水系统的阀门井、水表井、消防栓井、水泵结合井等阀体和井室，管理部门要定期检查并做记录。阀件要定期试水，转动杆件处要定期加润滑油，保持开关灵活。

5）消防器材如消防栓、水枪、水龙带，要保持完好状态。室外用消防器材必须保存在有明显标志的专用消防器材箱内，箱体应防雨雪，防碰撞，有门且易开启，经常巡检箱内器材并定时擦洗。水龙带要保持干燥无损。要定期检查容器内灭火剂是否失效，瓶、罐体定时保养。要放置在明显的地方，并做标志，标志和使用说明不得随意移动。对消防专用水箱一般在规定期限内调水、放水，以防止出现缺水、阻塞、水质腐臭等现象。消防泵也应采取定期试泵的措施。

6）室外热水管沟易进雨水浸泡管道，致使保温层脱落，管道锈蚀，水温降低，对此要特别注意。地沟、井盖、沟盖的防水应完好，阀门的养护必须列入日常巡检、维修计划之内。

（2）排水系统的日常养护管理

1）排水管道的养护是延长排水管道的使用寿命必不可少的工作。排水管道，特别是生活排水管道，由于粪便污水极易使排水管道内壁结上尿垢，久不清除，管道内径缩小，流水不畅，易把污物挂住，致使排水系统堵塞。为了保证排水管道的畅通，必须做好排水管道的养护工作。为此，在日常使用中要定期对排水管道进行除垢清理工作，防止生成污垢，一般先用管道疏通机清垢，再用专用管垢清除剂清洗。

2）排水设备的养护主要是指卫生器具和室内排水系统中的其他设备如地漏、检查口、清扫口等的养护，对于这些设备的养护主要从外观上进行检查，发现问题及时解决。如发现地漏在使用过程中其扣碗或箅子被拿掉，就应复原，以防污物进入排水系统，造成管道堵塞。对于检查口和清扫口要经常养护，发现有口盖污损，螺栓、螺母锈蚀应及时更换或修理。

（3）水泵机组的日常养护管理

1）水泵的养护。生活水泵、消防水泵、排污泵、溶水泵每半年进行一次全面养护。养护内容主要有：检查水泵轴承是否灵活，检查压盖盘根处是否有漏水成线，清洁水泵外表，若有脱漆或锈蚀严重，要铲漆、刷油。

2）控制柜的养护。维修组对控制柜每半年进行一次全面养护。维修养护内容主要有：清洁柜内所有元器件、清洁外壳，务必使柜内无积尘、无污物；检查、紧固所有的接线头，对于锈蚀严重的接线头应更换，检查柜内所有的线头的号码管是否清晰，有否脱落；在开关闭合或断开过程中，应无卡位现象，触头表面清除干净；中间继电器、信号继电器应做模拟试验，检查动作是否可靠，信号输出是否正确；信号灯、指示灯是否指示正常；运传压力表信号线接头是否腐蚀，如有则重新焊接或更换。

3）电机的养护。外观检查应整洁、接地线连接良好，用摇表检测绝缘电阻，电机接线盒内三相导线及连接片应牢固紧密，电动机轴承有无阻滞或异常声响，电动机风叶有无碰壳现象，清洁外壳，外壳是否脱漆严重，若严重应重新油漆。

4）相关阀门、管道及附件的养护。闸阀密封胶垫是否漏水。止回阀的养护应检查止回阀的密封胶垫是否损坏，弹簧弹力是否足够，油漆是否脱落。浮球阀的养护应检查密封胶垫、连杆、连杆插销。

（4）水池、水箱的日常养护管理

水池、水箱的日常养护每半年进行一次，若遇特殊情况可增加清洗次数。清洗时的程序如下：

1）首先关闭进水总阀，关闭水箱之间的连通阀门，开启泄水阀，抽空水池、水箱中的水。

2）泄水阀处于开启位置，用鼓风机向水池、水箱吹 2 h 以上，排除水池、水箱中的有毒气体，吹进新鲜空气。

3）用燃着的蜡烛放入池底不会熄灭，以确定空气是否充足。

4）打开照明设备进入水池、水箱后，对池壁、池底洗刷不少于3遍。

5）清洗完毕后，排除污水，喷洒消毒药水。

6）关闭泄水阀，注入清水。

2. 供电系统的日常养护管理

(1) 观察配电箱（盘）上的各类仪表、电压是否正常，使用电流的变化情况、高峰用电时的电流数值、三相电流是否平衡，对照值班记录检查分析有无差异。

(2) 核对各个支路的实际负荷是否与装设的保护元件整定值相符合。

(3) 配电箱固定是否牢固，箱内器件是否完好无损，各闸具的接头有无松动，操作是否灵活。

(4) 导线绝缘是否良好，各类绝缘导线是否老化，各接头处有无烧焦、变脆，绝缘包布有无失效，接头之间是否绝缘。

(5) 金属管连接的地线是否良好，有无虚脱或腐蚀，各种管路固定是否牢固。

(6) 各种电器具（如灯头、开关、插座等）是否牢固。

(7) 各种地极的接地电阻是否符合规定，接地螺栓有无松动，导线有无伤痕和腐蚀。

(8) 特殊房间（如潮湿、高温、易燃、易爆等场所）应按照有关规定重点进行检查维护。

3. 电梯设备的日常养护管理

(1) 对电梯设备按片专人分管，每周加油、保养和检查。

(2) 电梯管理员负责电梯的日常维修保养工作，如清洁、润滑、调整、测试和安全装置效能检查。

(3) 电梯的维修、更新应由有相应资质的专业单位承担。

(4) 运行电梯发生故障必须急修时，也要由保养厂的专业人员负责，随叫随到进行抢修。

(5) 按规定对电梯各部位进行检查、清洁、润滑，着重对各安全装置效能进行检查。对电梯进行保养时，可以将一台电梯的全部保养项目一次性进行，也可以对物业管理区域内所有电梯分项目进行保养。

(6) 每年对物业管理区域内所有电梯进行一次全面综合性检查、清洗、润滑、修理调整和测试。

4. 空调设备的日常养护管理

空调设备的养护主要是对冷水机组、冷却塔、风机盘管、水泵机组、冷冻水、冷却水及凝结水路及风道、阀类、控制柜等的日常养护。

（1）冷水机组的养护

冷水机组是把整个制冷系统中的压缩机、冷凝器、蒸发器、节流阀等设备以及电气控制设备组装在一起，提供冷冻水的设备。对于设有冷却塔的水冷式制冷机中的冷凝器、蒸发器，每半年由制冷空调的维修组进行一次清洁养护。通过各项检查确定压缩机是否有故障，视情况进行维修更换。

（2）冷却塔的养护

制冷空调维修组一般每半年须对冷却塔进行一次清洁保养。

（3）风机盘管的养护

制冷空调维修组每半年对风机盘管进行一次清洁养护，每周清洗一次空气过滤网，排除盘管内的空气，检查风机转动是否灵活。对于带动风机的电机，用500 V摇表检测线圈绝缘电阻，应不低于0.5 MΩ，检查电容是否变形，如变形则应更换同规格电容，检查各接线头是否牢固，清洁风机风叶、盘管、积水盘上的污物，同时用盐酸溶液清洗盘管内壁的污垢，然后拧紧所有的紧固件，清洁风机盘管的外壳。

（4）水管道的保养

制冷空调维修组每半年对冷冻水管道、冷却水管、冷凝给水管路进行一次保养，检查冷冻水、凝结水管路是否有大量凝结水，保温层是否已有破损。尤其是管路中的阀件部位、保温层应重点检查。

（5）阀类、仪表、检测器件的养护

维修工每半年对中央空调系统所有阀类进行一次养护。对于管道中的节流阀及调节阀，应检查是否泄漏；检查阀门的开关是否灵活等。

5. 锅炉房的日常养护管理

（1）锅炉的检查

1）定期检查。定期检查锅炉是一项预防发生事故的重要措施。检查出毛病后，应及时解决和处理。对于终年运行的锅炉，每3个月进行一次清洗检查，每年要进行一次炉内外和附件的彻底检查。对于仅供取暖用的锅炉，一般在停火后进行清洗检查，每年生火前再做一次检查。

2）超水压试验。锅炉已连续使用6年或锅炉已停运1年以上者，再次使用时；锅炉经过移装或改装者；锅炉的受压部件进行过更新或挖补，或经过较大的电焊修理者；水管锅炉的水冷壁管和沸水管的更换总数超过一半以上者都应进行超水压试验。

（2）锅炉的保养

锅炉的保养分为湿式和干式两种。无论采用哪一种保养方法，均须在锅炉的水垢和烟灰清理干净后进行。

1）湿式保养。这种保养适用于停用时间不超过一个月的锅炉。把锅炉充满水，排除锅炉内所有的空气，以防氧气、二氧化碳气体加速锅炉的腐蚀。为使锅炉内壁形成碱性保护膜，应向炉内投入一定量的纯碱或火碱。严寒地区不适宜采用湿式保养。

2）干式保养。采用干式保养时，须先用微火将锅炉烘干，然后在锅筒中放入干燥剂，把可能进入空气的孔洞、各个阀门均密封好，以保证锅炉始终处于干燥状态。每隔2～3个月，必须对锅炉检查一次，若干燥剂已失效，应进行更换。对于需长时间保养的锅炉可在炉体外涂一层樟丹，炉体内涂一层防腐油，以增强锅炉的抗腐蚀能力。

6. 通信设备的日常养护管理

完好的设备是优质服务的基础，良好的保养是延长设备寿命和安全运行的保证。通信部门的管理人员和操作人员要非常重视设备管理工作，要按照有关的制度要求，认真做好客户程控交换机的养护管理。

（1）客户程控交换机机房的工作制度

1）机房内应有人进行24小时值班，值班人员应认真做好当班记录，并做好交接班工作。

2）严格遵守岗位职责和有关的各项规章制度。

3）严禁与机房无关的人员进入机房，非本专业人员严禁操作、使用机房内的有关设备。

4）严格遵循程控交换机机房的各项操作规程，按时完成周期检测，做好日常维护工作，确保程控交换机的正常运行。

5）未经同意，不得随意修改各类管理数据。

6）注意安全，避免发生人为故障。不得随意拆卸机器、设备零件，如遇较大故障，应及时逐级汇报。

（2）客户程控交换机机房的环境卫生制度

1）机房环境应保持在最佳条件下，即温度在20～25℃，绝对湿度在6～18 g H_2O/m^3，相对湿度在20%～70%。

2）严格控制机房内的极限条件，即温度在10～40℃，绝对湿度在2～25 g H_2O/m^3，相对湿度在20%～80%。

3）机房的防尘要求为每年积尘应限制在小于10 g/m^2 的范围以内。

4）防静电地板要每天吸尘，绝对不能用扫帚清除。

四、房屋设备管理制度

现代物业管理的主要内容就是实行专业化的管理。而专业化的管理，就必须建立一整套的管理制度。

1. 岗位责任制

岗位责任制的制定与工程管理的组织形式设置有关，不同的组织形式有不同的岗位职责。但是，各级岗位职责都应包括工程管理的各项工作。具体来说有以下几个方面：

（1）工程部经理的岗位职责

工程部经理是进行管理、操作、保养、维修，保证设备正常运行的总负责人。他的主要职责有：

1）在公司经理的领导下，贯彻执行有关设备和能源管理方面的工作方针、政策、规章和制度。

2）负责组织设备的使用、维护、革新改造直至报废的整个使用过程的管理工作，使设备始终处于良好的技术状态。

3）在“安全、可靠、经济、合理”的前提下，及时供给各设备所需的能源（水、电、油、气等），做好能源的节约工作。

4）组织人力、物力，及时完成住户提出的请修要求，为住户提供良好的工作、生活条件。

5）组织编制各种设备的保养、检修计划，原材料采购计划，并组织实施。

6）组织收集、编制各种设备的技术资料、图纸，做好设备的技术管理工作。

7）组织拟定设备管理、操作、维护等各种规章制度和技术标准，并监督执行。

8）组织员工开展技术业务学习，不断提高员工的业务和技术水平。

（2）各技术专业主管的岗位职责

各技术专业主管在部门经理的领导下，负责所管班次的组织、管理工作，并负责编制所管专业的保养和维修计划、操作规程及有关的技术资料和图纸，协助部门经理完成上级安排的其他工作。具体来说他的职责有：

1）负责编制所管设备的年、季、月检修计划及相应的材料、工具准备计划，经工程部经理审批后负责组织计划的实施，并检查计划的完成情况。

2）负责检查所管设备的使用、维护和保养情况，并解决有关技术问题，以保证设备经常处于良好的技术状态。

3）负责制订所管系统的运行方案并审阅运行记录，督导下属员工严格遵守岗位职责，严格执行操作规程，保证设备的正常运行。

4）组织调查、分析设备事故，提出处理意见及措施，并组织实施，以防止同类事故的再次发生。

5）负责制订所管设备的更新、改造计划，以完善原设计和施工遗留的缺陷，并负责工程监督，以实现“安全、可靠、经济、合理”的目标。

6）负责组织培训，不断提高下属员工的技术、思想素质以及服务水平。

7）完成上级交办的其他工作。

(3) 领班的岗位职责

1）负责本班所管设备的运行、维护、保养工作，严格做到“三干净”（设备干净、机房干净、工作场地干净）、“四不漏”（不漏电、不漏油、不漏水、不漏气）、“五良好”（使用性能良好、密封良好、润滑良好、紧固良好、调整良好）。

2）以身作则，带领并督促全班员工严格遵守岗位责任制、操作规程、员工守则及公司各项规章制度，及时完成上级下达的各项工作任务。

3）负责本班的日常工作安排和调整，做好各项记录并汇总，定期交上级主管审阅。

4）负责制订本班设备的检修计划和备件计划，报主管审核后组织实施。

(4) 技术工人的岗位职责

1）服从上级的调度和工作安排，及时、保质、保量地完成工作任务。

2）自觉遵守公司的各项规章制度、操作规程，认真操作，保证安全，文明生产。

3）努力工作、学习，不断提高思想素质和技术水平，保证优质服务。

(5) 资料统计员的岗位职责

1）负责收集、整理、保管工程部的各种技术资料及设备档案。

2）负责本部门各下属单位的各项工作报表的汇总、存档，并定期送经理审阅。

3）负责能源、材料、人力等各项资源消耗的统计。

4）完成上级交办的其他工作。

2. 房屋设备的主要管理制度

房屋设备管理制度主要包括：值班制度、接管验收制度、预防性计划维修保养制度、交接班制度、报告记录制度等企业各项规章制度。用这些制度来规范员工的行为，可以提高房屋设备的管理水平。

(1) 值班制度

房屋设备的值班制度一般包括以下内容：

1）值班人员必须坚守岗位，不得擅自离岗，如确因工作需要而临时离岗，则必须有符合条件的人员替岗，并向其交代离岗的时间和去向。

2）根据操作规程和岗位责任制的要求，密切注意所管设备的运行情况，并按规定做好有关记录。

3）如发生设备故障，且当班人员一时不能处理，应按报告制度及时报告给有关人员。

4）值班调度人员接到请修通知后，应及时通知有关班组，安排人员前往维修。

5）所有值班岗位必须安排人员值班，并且要求到岗到位。如需调班，则必须上报主管人员同意。值班时就餐要实行轮换就餐制，并通知同班人员配合。

6）值班人员应安排统一的班次值班，不得迟到、早退、无故缺勤，因故不能值班者，必须提前征得上级（班长）同意，并按规定办理请假手续。班长应落实好代班人员，保证岗位上有称职的人员在工作。

（2）接管验收制度

设备验收工作是设备安装或检修停用后转入使用的一个重要环节，把住这一关，对日后的管理和使用有着很重要的意义。因此，在进行房屋设备的运行管理和维修管理之前，首先要做好房屋设备的接管验收工作，接收好房屋设备的基础资料。接管验收不仅包括对新建物业附属设备的验收，而且包括对维修后的房屋设备的验收以及委托加工或购置的更新设备的开箱验收。

房屋设备的第一次验收为初验，在初验时如发现问题应商定解决意见，并确定复验时间。对于经复验仍不合格的应限期解决。对设备的缺陷及不影响使用的问题可作为遗留问题签订协议保修或赔款补偿。这类协议必须在设备能够使用且不致出现重大问题时方可签订。验收后的验收单与协议等文件应保存好。

（3）预防性计划维修保养制度

为了延长设备的使用寿命，防止意外损坏而按照预订计划进行一系列预防性设备修理、维护和管理的组织措施和技术措施称为计划维修保养制度。实行预防性计划维修保养制度可以保证房屋设备经常保持正常的工作能力，防止设备在使用过程中发生不应有的磨损、老化、腐蚀等状况，充分发挥设备的潜力和使用效益，正确掌握设备状况，提高设备运转效率；实行预防性计划维修保养制度，可以延长设备的修理间隔期限，降低维修成本，提高维修质量。

进行计划维修保养的次序和期限是根据设备的作用、特性、规格与使用条件来决定的。计划维修保养的措施是：

1）确定维修及保养工作的类别及内容（由各单位根据设备的实际情况，由工程技术人员制定），具体包括：日常及周保养内容，月维修保养内容，季度、半年、年度维修保养内容，大修理内容。

2）设备维修、保养的要求。

3）根据开展预防性计划维修保养工作的内容和要求，编制预防性维修保养计划，并分期分项下达给维修人员或专业公司予以实施。

（4）交接班制度

做好交接班工作，可以保证值班制度的实施。交接班制度的具体内容有：

1）值班人员做好交接班前工作，包括按巡查表认真仔细巡查，发现问题及时解决，当班问题尽量不留给下一班，并做好记录和环境卫生工作。

2）接班人员提前15 min上岗接班，清查了解所上班次，办理好交接班手续。

3）值班人员办完交接班手续后方可下班，若接班人员因故未到，值班人员应坚守岗位，待接班人员到达并办完手续后才能离开。

4）除值班人员外，无关人员不得进入值班室。

（5）报告记录制度

建立报告记录制度可以让物业经理、技术主管和班组长及时了解设备的运行情况及设备维修管理情况，及时发现设备管理中存在的问题，以便及时解决。报告记录制度的具体内容有：

1）向班组长报告。发现以下情况时，应向班组长报告：主要设备非正常操作的开、停、调整及其他异常情况，设备出现故障或停机检修，零部件更换或修理，维修人员工作去向，维修材料的领用，运作人员暂时离岗。

2）向技术主管报告。发现下列情况时，应向技术主管报告：重点设备非正常操作的启动、调整及异常情况，采用新的运行方式，重点设备发生故障或停机抢修，系统故障及检修，重要零件更换、修理、加工及改造，成批和大件工具、备件和材料领用，员工加班、调班、补修、请假。

3）向物业项目经理报告。发现下列情况时，应向物业项目经理报告：重点设备发生故障或停机修理；影响楼宇或小区的设备故障或施工；系统运行方式的重大改变，主要设备的技术改造；重点设备主要零部件更换、修理或向外委托加工，设备的增改或向外委托加工；班组长、技术骨干以上人员及班组结构调整。

除了上述设备的管理制度外，还有设备清修制度，设备技术档案资料保存、管理制度，房屋设备更新、改造、报废规划及审批制度，承租户和保管房屋设备责任制度及房屋设备清点、盘点制度等一系列房屋设备管理制度体系。这些制度可以有效地实现专业化、制度化的房屋设备管理。

思考与练习

1. 物业服务企业在接管验收时应注意哪些问题？
2. 简述入住服务流程。
3. 在入住时，物业服务企业应做好哪些准备？
4. 什么是房屋维修？它的特点和原则是什么？
5. 简述房屋维修养护的管理制度。
6. 简述房屋附属设备的分类。
7. 如何做好房屋的日常养护工作？
8. 房屋设备维修管理的特点有哪些？
9. 简述房屋设备维修的管理制度。

第 4 章　物业综合管理

第 1 节　物业公共秩序管理

公共秩序管理是指物业服务公司采取各种措施和手段，保护业主和物业使用人的人身财产安全，维持社会工作和生活秩序的管理活动，包括物业治安管理、物业消防管理、物业道路与车辆管理和突发事件管理。

一、物业治安管理

物业治安管理的目的是保障物业服务企业所管辖的物业管理区域内人身和财产的安全，维护辖区的工作和生活秩序。其内容包括：

1. 制止扰乱公共秩序的行为

扰乱公共秩序的行为包括噪声扰民、宠物扰民、侵犯他人人身权利、侵犯个人及公共财产权利、违反辖区消防管理规定、违反辖区车辆与道路管理规定、违反辖区绿化管理规定、违反二次装修管理规定等影响、干扰他人正常生活或工作的行为。

2. 治安服务

治安服务包括门卫保安服务、守护保安服务和巡逻保安服务。

（1）门卫保安服务

依照国家法律、政策和物业管理区域的有关规章制度，对出入大门的人员、车辆、物资进行严格的检查、验证和登记，防止不法人员进入，防止物资丢失，以维护物业管理辖区内部秩序，保证其人、财、物的安全。其具体任务包括：

1）对出入辖区人员的身份、证件和所携带物品进行检查、登记，控制外部无关人员进入，确保业主和使用人的人、财、物安全。为外来人员做好引导、咨询。

2）对进出辖区的车辆、物资进行认真检查、核对，防止危险品进入，防止盗窃及其他物资流失现象的发生。

3）对进出辖区的车辆进行疏通，清理无关人员，保证进出口的秩序和通畅无阻，防止人员、车辆造成门口堵塞及事故的发生。

4）对可疑的人和事应及时通报，主动配合公安保卫部门开展工作。

（2）守护保安服务

守护保安服务是指保安人员根据保安服务合同的规定，采取各种有效措施，对指定的人、财物、场所进行看护和守卫的活动。其主要任务是采取各种有效的措施，防范和制止违法犯罪分子的各种破坏活动，预防治安事件的发生，确保守护对象的安全，维护物业管理区域内的正常秩序和安全。

（3）巡逻保安服务

巡逻保安服务是指保安人员在物业管理辖区内有计划地巡回观察，以确保物业管理辖区内安全的活动。其具体任务包括：

1）维护物业管理区域内的正常治安秩序，以保证工作、生活正常进行。

2）充分利用巡逻对时空控制的有利条件，堵塞各种违规违法活动的空隙，预防、发现、制止各种违规违法行为，防止各种危害的发生。

3）及时发现各种可疑情况，对嫌疑人员要进行必要的盘查，搞清其身份，查清原因；个别嫌疑重大，一时难以搞清的，可移送保卫部门或公安机关审查处理；有现行违法犯罪行为的人，应毫不犹豫地将其抓获，送交公安保卫部门处理。

4）对巡逻中发现的案件或事故，要做好案件或事故现场的保护工作，根据现场保护的规定和要求，划定保护范围，布置警戒，维护秩序，不准无关人员进入现场，更不得随意触摸、移动现场的任何物品。

5）检查发现防范方面的漏洞，针对不同部位、不同场所在防范方面存在的某些漏洞，如建筑物不坚固以及防护上有空当等，认真检查，及时发现，并将存在的问题及时改进。

6）对巡逻中发生的突发性事件或意外事故，如建筑设施倒塌、爆炸、挤伤、挤死人等事故，巡逻人员要全力维护好现场秩序，协助有关方面做好人员、物资抢救工作和群众的劝导、教育、疏散及平息事态等工作，并注意发现故意煽动闹事的人。

3. 电子保安系统的维护与管理

（1）电子保安系统的组成

1）闭路电视监视系统。由摄像头、控制、传输和显示部分组成。有监听功能的需求时，可增设伴音部分。对于保安工作要求较高的办公大厦、宾馆酒店、超级商场、银行或金融交易所等场所，常设有保安监控中心，通过闭路电视监视系统随时观察出入口、重要通道和重点保安场所的动态。

2）电子门禁系统。由检测器件、控制器件和报警输出器件组成。一旦发现非法侵入、盗窃等情况，该系统可立即报警。常用的检测器件有电磁开关、振动传感器、红外线传感器、光电传感器、超声波传感器和微波传感器等；常用的报警输出器件为报警发声器、警号、警灯和可集中或分散打开的灯光。电子门禁系统常设置功能齐全的监控中心，由微型计算机、录像机、闭路电视和检测系统等组成，设专人值班监控。

（2）维护与管理

在选型、安装阶段，保安系统品种的选择、各种器材的验收、线路的走向、检测传感器和报警器的定位，必须经过周密思考和严格检查。系统设置的电源，必须有备用电源。有关安全保密内容必须限定人员知道。在系统安装完毕后，应由负责保安人员与施工人员共同验收。

在维护、使用阶段，要定期对系统进行维护和管理，包括由保安人员定期模拟一定的现场，对保安系统进行功能上的测定。若发现保安系统出现问题，应立即向专业管理人员报告，并立即到场维修。保安系统较易损坏的器件、设备，必须有足够的备件，以便及时更换。对保安系统所做的维修和管理，应有严格的记录，并有负责此项工作人员的签字。

二、物业消防管理

物业消防管理是指在日常管理中通过有效措施预防物业火灾发生，以及在火灾发生时采取应急措施以最大限度地减少火灾的损失。消防工作包括防火和灭火两个方面，具体内容包括：

1. 消防队伍的建立与培训

（1）建立消防队伍

物业服务企业应根据所管辖物业项目的类型、档次、数量，设立消防机构，组建相应的专职或兼职消防队伍。

（2）明确消防队伍的职责

负责消防工作的管理、监督、检查和落实，进行消防值班、消防检查、消防培训、消防宣传、消防器材的管理与保养，协助公安消防队灭火。

（3）明确消防队伍的具体工作

1）消防监控报警中心的日常值班。消防监控报警中心是接受火灾报警、发出火灾信号和安全疏散指令，控制消防水泵，固定灭火、通风、空气调节系统和防烟排烟等设施，并能操纵电梯到达指定位置和保证消防电梯的运行的控制中心。控制中心应实行24 h值班制，值班人员要忠于职守，工作严肃认真，密切注意主机和监视仪表信号，认真做好值班记录，定期向上级汇报。

2）定期进行消防安全检查。专职消防员须进行日常安全检查，每天巡视大厦或小区的每个角落，及时发现和消除火险隐患；对防火责任制、防火岗位责任制执行情况每月进行1～2次检查；定期检查消防设备。安全检查时，一经发现火险隐患，都要记录在案，并向主管领导报告，通知有关部门限期整改。对消防设施方面的故障和不足，还要写出专门报告，经主管领导批准，由工程部门做计划进行整修。

（4）消防队伍的演练

消防员必须坚持灭火管理的平时训练，通过训练掌握防火、灭火的措施和技术等。物业服务企业还应根据自己的实际情况，最好每年进行一次消防演习，通过演习来检验物业管理辖区防火、灭火的整体功能，如防火、灭火预定方案是否科学，指挥是否得当，专职消防队员是否称职，消防设施是否发挥作用。

2. 做好消防教育宣传

（1）增强消防意识

在众多的火灾事故中，导致火灾发生的主要原因是由于很多人缺乏消防法制观念和消防安全意识，违反安全操作规程，违章用火、用电、用燃气。因此，按《中华人民共和国消防法》规定经常进行消防宣传教育，提高业主和物业使用人的消防意识，是物业服务企业物业消防管理的重要内容。

（2）普及消防知识

普及防火知识、灭火知识、疏散逃生知识，对业主和物业使用人预防、抗御火灾，控制和减少火灾损失具有十分重要的意义。

3. 消防设备设施和器材的配备与管理

（1）消防设备设施和器材的配备

消防设备设施和器材是做好消防工作，保证人身财产不受火灾危害的物质技术基础，包括：

1）防火建筑工程设施。按照国家建筑工程消防技术标准原则要求，设计配备防火建筑工程设施，如设计配备建筑防火间、防火门、防火墙、防烟排烟设施、消防车道、疏散通道、疏散照明设施、疏散指示标志、消防水泵房、消防监控室等，并经公安消防部门检查验收合格后投入使用。

2）灭火设备和器材。如在高层楼宇内安置消防栓、水龙带、水枪；在高档公寓、别墅、酒店宾馆、大型商厦、写字楼等防火关键部位配备自动喷水灭火装置；在建筑物内易发生火灾事故的地点放置泡沫灭火器、干粉灭火器等。一旦发生火灾，可利用这些灭火设备和器材控制和扑灭火灾。

3）火灾自动报警装置。如在高档公寓、酒店宾馆、商厦、写字楼内安装烟感探测器、温感火灾探测器、火灾报警控制器等，用于探测初期火灾，并及时发出火灾警报。

4）各种消防标志。根据国家有关消防安全管理的规定，在易发生火灾的防火重点部位、消防设备和器材置放点、疏散通道出口处等区域设置各种指示标牌，以便在火灾发生时帮助人员迅速准确地找到灭火器材组织灭火，或指引人员正确地疏散逃生。

（2）消防设备设施和器材的管理

为了使消防设备设施和器材随时处于完好状态，确保火灾发生时有效启动和使用，物业服务企业必须加强对消防设备设施和器材的管理，包括：

1）建立消防设备档案。对消防设备的类型、功能、安放位置、使用说明、维修说明等文件资料和图表进行收集、整理、存档保管，以备随时查阅。

2）加强消防建筑设施的维护管理。禁止和查处拆改、损坏一切消防建筑设施的行为；禁止业主和使用人在消防车通道、消防安全出口、安全疏散通道上堆放物品，防止堵塞，确保畅通无阻。

3）加强消防设备和器材的维护管理。禁止业主和使用人随意损坏、挪动消防栓、灭火器，拆除和损坏火灾自动报警装置、自动喷水灭火装置等。

（3）加强消防设备设施和器材的日常保养和维修管理

建立检查和巡视制度，了解和掌握消防设备设施和器材的完好状态，发现损坏要及时修理和更换，发现丢失要及时补充到位，确保其完好无损，随时可启动和正常使用。

（4）灭火设备和器材的种类与正确使用

1）消防栓。一种最常用的固定消防供水设备，有室内消防栓和室外消防栓两种基本类型。室内消防栓一般固定设置在建筑物内防火部位，或楼层防火部位的墙壁消防柜中，并配备消防水带、水枪等灭火工具。室外消防栓是固定设置在建筑物外防火重点部位地面上的一种消防设备，可为室外实施灭火作业的消防队、消防车提供灭火所需要的水源。

2）自动喷水灭火系统。一种固定在建筑物内的消防供水装置，由火灾探测器、自动报警器、喷水装置、供水管网、水泵等组成。其喷水装置一般在大型建筑、高层建筑、高档建筑等防火重点部位的上方位置设置。一旦发生火灾，自动喷水灭火系统能及时报警，并自动启动水泵喷水，可有效控制和扑灭可燃固体等初期火灾。

3）二氧化碳灭火器。一种装灌有具有灭火功能的二氧化碳液体的灭火装置。二氧化碳灭火器分为固定式和移动式两种类型，其中，移动式又分为手提式和车辆式。常用的是手提式二氧化碳灭火器。使用二氧化碳灭火器实施扑救时，要先拔去插销或去掉铅封，在距燃烧物5 m左右，一手握喷嘴把手，另一手紧握启闭阀把，气体即自动喷出。

在施救时，要选择上风方向对准燃烧物喷射，这样做能防止救火人发生窒息，并可很好地利用二氧化碳气体。当扑救流淌的液体燃烧物时，要由近而远喷向火焰，不能直接向正在燃烧的液面喷射，防止液体喷溅引起更大的火焰。在室内空间狭窄的地方使用二氧化碳灭火器，灭火后应迅速离开，防止救火者窒息。

4）泡沫灭火器。泡沫灭火器内有两个容器，分别盛放硫酸铝和碳酸氢钠溶液两种液体，并加入了一些发泡剂。两种溶液平时互不接触，不发生任何化学反应，当需要灭火时，把灭火器倒立，两种溶液混合在一起，就会产生大量的二氧化碳气体。它有化学泡沫灭火器和空气泡沫灭火器两种，其中最常用的是化学泡沫灭火器。泡沫灭火器适用于扑灭不溶于水的汽油、柴油、油漆等油类液体火灾，也可用于扑灭木材、纤维橡塑类固体火灾。因为泡沫灭火剂中含有一定量的水，所以不能用来扑灭带电设备火灾和忌水性物品火灾。

使用泡沫灭火器扑救可燃液体火灾时，要距燃烧物 10 m 左右，将灭火器颠倒过来，对准燃烧物喷射，并使泡沫完全覆盖燃烧液面，扑灭火焰。当燃烧的液体流淌时，要向流淌的燃烧物火焰喷射泡沫，防止火焰随液体蔓延。使用泡沫灭火器扑救容器内燃烧液体时，应将泡沫射向容器的内壁，不能直接对准液面喷射，防止液体喷溅，引发更大火焰。扑救燃烧的固体火灾时，应将泡沫射向燃烧最猛烈的着火点，并依次向其他燃烧部位移动，直至扑灭全部燃烧物为止。使用泡沫灭火器灭火时，要始终使灭火器处于倒置状态，只有这样才能使泡沫连续不断地向燃烧物喷射，否则会中断喷射，影响灭火效果。

5）干粉灭火器。干粉灭火器是装灌有一种干燥、易于喷洒流动微细固体粉末的灭火装置。干粉灭火器钢瓶内的粉末由具有灭火作用的碳酸氢钠、磷酸盐以及防潮剂、流动促进剂、防结块剂等组成。常用的干粉灭火器为手提式。干粉灭火器使用范围较广泛，适用于可燃固体、可燃液体、可燃气体火灾和带电设备等电气火灾。但由于干粉灭火剂基本上没有冷却作用，灭火后易发生燃烧物复燃的情况，所以灭火后还应采取其他冷却灭火方法。

使用手提式干粉灭火器灭火时，要先去掉灭火器头上的铅封，拔去保险插销，在距火点 5 m 左右，一手将喷粉嘴对准火焰根部，另一手按下压把，使干粉喷出灭火。在扑救流淌的液体火灾时，要由近而远，对准火焰的根部左右喷射，直至扑灭。在扑救容器内的液体火灾时，要对准容器壁面喷粉，使干粉完全覆盖在容器口，不能将干粉直接对准液面喷射，避免液面喷溅和外溢，使火焰蔓延至容器外。

三、物业道路与车辆管理

物业道路与车辆管理是指物业服务企业通过对物业管理区域内的道路、交通和车辆进行管理，建立良好的交通秩序和车辆停放秩序。具体工作包括：

1. 道路交通管理

（1）道路交通管理的内容

1）建立机动车通行证制度，禁止过境车辆通行。

2）根据物业管理区域内的道路情况，确定部分道路为单行道、部分交叉路口禁止左转弯。

3）限制车速，确保小区内行人的安全。

4）禁止乱停放车辆，尤其在道路两旁。

（2）不同类型物业道路交通管理的特点

1）居住物业。大力提倡步行空间的建立，发展公共交通，开通小区班车，为居民提供上下班服务、节假日集中出行服务。对于停车场的管理应注意扰民问题，停车场最好设在物业管理小区的4个边缘地带。

2）办公物业。重点应放在车辆调度上。物业服务企业应对物业中的单位上下班情况进行统计，统一安排好车辆行走路线和通行办法，防止上下班时出现塞车现象。

3）商业物业。应配合公交系统车辆进行定线定站，双休日增加车辆，为顾客提供方便。一些好的物业服务企业可以拥有自管班车，为顾客提供定线不定站的服务。

4）旅游物业。旅游物业客流量的季节性强、方向性强。物业服务企业应设立专门的由物业直达旅游地的旅游往返车辆，在旅游季节为游客提供方便。

5）工业物业。以生产产品为主体的工业物业，其车辆管理主要集中在对货运车辆的管理上。要注意货运车辆的吨位、高度与所提供道路条件是否配合。同时，要注意货仓建设，以减少货运车辆的停放时间，提高货运效率。

2. 车辆管理

（1）停车场的规划

1）场内车位划分要明确，安全有序地停放车辆，停车场应用白线框明确划分停车位。

2）场内行驶标志要清楚。为方便行车和管理，场内行驶路线要用扶栏、标志牌、地下白线箭头指示清楚。

3）进出停车场管理要严格。车辆进入停车场要验证发牌、登记。驶离停车场时要验证收牌。

4）车辆防盗和防损坏措施要得力。

（2）车辆管理制度

1）进入物业管理区域内的车辆必须服从物业服务公司的管理。

2）车辆必须按规定的行驶路线行驶，不得逆行。不得在人行道上行驶，不得高速行驶和按高音喇叭，进入车库时限速 5 km 以下。

3）凡业主和物业使用人的机动车、自行车、三轮车，一律不能停放在非指定停放的位置。

4）业主和物业使用人长期在物业管理区域内地面停放车辆，必须在物业管理处办理定位立户手续，领取停车牌放于车上，停于指定车位，并凭牌出入小区，按月交纳停车费。

5）物业管理区域内停车场只供本管区内业主和物业使用人使用，外来临时车辆须先办理车位租赁手续，领取停车牌，凭证对号停放，并交纳停车费。未办理租赁手续及车辆保险的车辆一律不得停放。

6）车辆如需停止使用停车位，应及时到物业管理处办理注销手续，否则，停车费继续收取。如发生丢失或私自转让停车牌（位），管理处将扣留押金并取消车辆的停车位，收回停车牌。

7）车辆停放后，贵重物品请勿放在车内，由此所造成的损失均由车主自负。

8）车辆入库停放后，须向保安人员领取取车牌并妥善保管。取车时一律凭取车牌取车，保安员只按牌放行。特殊情况急需用车而无取车牌时，须凭单位开具证明并出示本人有关证件，由保安员登记后方可取车。

9）不得在停车场和小区范围内洗车及清扫车上的杂物于地面。漏油、漏水车辆不许进入车库。

10）为杜绝停车场内发生意外事故，凡进入车辆严禁携带易燃、易爆、剧毒及各种腐蚀性物品。同时，在车库内不得随地扔烟头。

四、突发事件管理

突发事件管理是指物业服务企业在受托管理服务的物业区域内，面对突发的紧急状况，为维护广大业主的利益，以专业知识技能和训练有素的快速处置能力尽快处理问题、采取应对措施，将损害和不良影响降低到最低限度的管理工作。物业服务企业应该针对突发事件编制应急处理预案，其宗旨是“保护生命第一，保护财产第二”。

1. 突发事件及预案种类

突发事件指的是突然发生的、影响面广泛的、出乎民众和社会正常心理承受力之外的事件，是区别于正常的社会运行机制下可以容纳的事件，具有突发性、严重性、影响广泛性的特点。从物业管理实践看，突发事件主要有：煤气泄漏，火警、消防设备人为损坏，漏水（水浸），停电及电力故障，地震，电梯困人，住客受伤及意外，高空掷物，噪声污染，交通意外，发生自杀和企图自杀，罪案现场，盗窃，抢劫，殴斗，偷车，擅自侵入，发现可疑物品或爆炸物品，接收恐吓电话，水力系统故障等事件，以及其他不可预见的突发事件。针对上述可能发生的突发事件，物业服务公司应编制不同的应急处理预案。

2. 突发事件应急处理预案的编制

根据安全隐患识别分类结果，可以分专业编制安全防范处理预案，对安全隐患进行有针对性的控制。突发事件应急处理预案要细分到各部门及其各部门的职工。

（1）编制预案应注意的问题

1）必须与将来的实际操作者充分沟通，达成共识，以免预案无法落实。

2）必须要有具有实际操作经验和专业技术的人员参与，以增加预案的有效性。

3）必须要易学实用，有一定的灵活性和可变通性，以免给日后的实际操作带来不便。

（2）编制预案应考虑突发事件的过程

1）事前预防。虽然具体的安全突发事件难以预料，但总有一定的规律可循，即同类事件间的相似性，这是事前预防的重要突破口。通过对突发事件相似性的总结与提炼，积累一定的经验，再配之以一定的专业技术，完全可以对一部分安全隐患进行事前识别，并加以控制。因此，要做好事前预防工作。

2）事中控制。对于那些已在事前识别并制定了相应的应急处理预案的突发事件，按预定规定处理即可。但对于那些没有预案控制的突发事件，就需要物业服务人员的综合素质来灵活应付了。

3）事后改进。全面总结事件中的经验教训，修改原预案误漏之处，编制缺乏的预案，有针对性地开展培训，为防止类似事件再度发生打下基础。

（3）常见突发事件应急处理预案

1）治安事件的应急处理预案

①凡遇治安事件（指凶杀、抢劫、勒索、打架、闹事、伤亡或重大纠纷等），必须保持冷静，立即采取措施，并报告当值主管。

②简要说明事发的地点、性质、人数、特征及损失价值。

③劝散无关人员，保护好现场，留意现场周围的情况。

④查看本部各类记录、出入登记、各电视录像，检查有无可疑情况和人员。

⑤对勒索、打架事件，监控中心应密切注意事发现场的情况变化。

⑥对纠纷事件应及时了解具体原因，积极协调，劝阻争吵，平息事态。

⑦对伤亡事件应做好现场保护和通知抢救工作；对确已死亡的，应报派出所调查处理并通知殡仪馆。

⑧对涉及刑事及重大责任事故或因治安、刑事案件引致的伤亡事故，应立即报告公安机关，并由保安部经理、班长协助调查处理。

⑨保安部经理、班长在接报后应立即赶到现场，做好疏通控制工作，防止事态扩大，并拍照留证。

⑩保安部经理、班长除组织人员维护现场外，还需负责指挥调派人员做好布控堵截，根据事态的大小程度报派出所、有关部门及总经理。

2）电梯困人救援的应急处理预案。规范电梯困人救援工作，以确保乘客的安全，是电梯困人救援工作的目的。凡遇故障，电梯管理员应首先通知电梯维修人员和管理人员，如电梯维修人员和管理人员 5 min 仍未到场，工程部经过训练的救援人员可根据不同情况，设法先行释放被困乘客。

3）消防火灾应急处理预案。首先，消防监控中心当值保安员收到消防报警信号或电话报警时立即援救；其次，巡楼保安员或管理员接到消防监控中心当值保安员呼叫后，以最快速度赶到报警地点核实；再次，当值主管接到消防监控中心保安报告后，立即带领机动人员以最快速度赶到报警地点现场检查；最后，消防监控中心当值保安收到当值主管指令后信号复位，并做好记录。

第 2 节　物业环境保洁管理

物业环境保洁管理就是指物业服务企业对所管的区域有计划、有条理、有程序、有目标地，并按指定的时间、地点、人员进行日常的清洁服务，并结合精神文明建设，依照规范服务的要求对业主（物业使用人）进行宣传教育、专业管理，并使其能自觉养成良好的卫生习惯，遵守规章制度，保持物业区域容貌整洁，减少疾病，促进身心健康，以提高物业区域使用环境的效益。

物业环境保洁管理是一项服务性很强的工作，不同类型、不同档次的物业对楼宇公共部位清洁管理的质量要求也不同，物业服务企业要根据自己所管辖物业的特点和实际情况制定一套相应的对保洁管理的具体要求，通过物业管理者和使用者共同在制度上、管理上、精神上、文化上的努力，打造安全、整洁、舒适、优美、和谐的生活环境和工作环境。

一、物业环境保洁管理的机构设置和职责划分

1. 物业环境保洁管理的机构设置

物业环境保洁管理由物业服务企业的保洁部执行，其班组设置根据所管物业的类型、面积以及清洁对象的不同而灵活设置。最简单的是设置一个公共卫生清洁班，直接由部门经理负责。对于一个规模较大的物业服务企业而言，其保洁部一般分设三个班：楼宇清洁服务班、公共区域清洁班、高空外墙清洁班。

2. 物业环境保洁管理人员的职责划分

（1）部门经理的工作职责

1）按照公司经理的指示精神和公司的管理目标，组织各项清洁服务的具体工作。

2）每日检查各区域清洁任务的完成情况，发现不足之处要及时组织清洁返工。

3）接洽各种清洁服务业务，为公司创收。

4）经常在区域内巡查，发现卫生死角应及时调配人员予以彻底清扫。

（2）技术员的工作职责

1）配合经理拟订清洁管理的实施方案。

2）对一些专用清洁设备进行使用指导。

3）随时检查和保养清洁机械。

4）监督检查分管的清洁区域和项目。

5）经理交办的其他事项。

（3）公共卫生区域清洁班领班的工作职责

1）接受保洁部经理的领导，向保洁部技术员负责。

2）每日班前留意部门经理、技术员的提示及工作要求。

3）检查班组员工到岗情况，查看是否全勤工作，对缺勤情况及时采取补救措施，合理安排下属工作。

4）检查所辖范围的清洁卫生状况，发现问题及时处理。

5）随时检查员工的工作状况，及时调整各种工具及人力的配置。

6）编制公共卫生辖区内的人员安排计划、清洁用品供应计划，努力减少损耗，控制开支。

7）关心员工的生活，掌握员工的工作情绪，指导员工的工作，增强班组的凝聚力。

8）定期做好清洁设备设施的维修报告，以便公司安排好预算，保证资金到位。

（4）保洁员的工作职责

1）遵守物业服务企业制定的管理细则，统一着装上岗，树立良好形象。

2）服从班长指挥，严格按照清洁程序保质保量地完成本人所负责区域内的清扫卫生工作。

3）发扬互助精神，支持同事工作。

二、物业环境保洁管理的主要工作

1. 制定管理制度

科学完善的管理制度是保洁卫生工作顺利进行的有力保证。物业服务企业应在国家和地方有关法律法规的基础上，制定本企业保洁管理工作的规章制度，如保洁卫生操作标准、岗位职责、员工服务规范、清洁设备领用制度、操作规程以及奖惩规定等。

2. 制订保洁工作计划

工作计划是具体实施保洁管理的主要依据。因此，保洁工作计划应明确每日、每周、每月工作的安排，以便实施和检查。

(1) 每日清洁工作的内容

1）管辖区域内道路（含人行道）清扫两次，整日保洁。

2）管辖区域内绿化带，含草地、花木灌丛、建筑小品等清扫一次。

3）各楼宇电梯间、地板拖洗两次，墙身清抹一次。

4）楼宇各层楼梯及走廊清扫一次，楼梯扶手清擦一次。

5）收集住户生活垃圾，清除垃圾箱内垃圾。

(2) 每周清洁工作的内容

1）高层楼宇的各层公共走廊拖洗一次。

2）业主信箱清擦一次。

3）天台、天井清扫一次。

(3) 每月清洁工作的内容

1）天花板灰尘和蜘蛛网清除一次。

2）高层楼宇各层的公用玻璃窗擦拭一次。

3）公共走廊及住宅区内路灯罩清擦一次。

3. 抓好卫生设施建设

物业服务企业保洁部要做好环境卫生管理工作，必须有相应的卫生设施，这些设施包括：

(1) 环卫车辆

环卫车辆包括清扫车、洒水车、垃圾运输车、粪便清运车等。

（2）便民设施

便民设施是指为便利群众而建设的卫生设施，如垃圾清运站、果皮箱等。

（3）加强环境卫生的宣传教育

良好的环境卫生既需要物业服务企业的管理、打扫，也需要业主和物业使用人的保持与配合。因此，应通过宣传教育提高住户的文明程度，使其自觉遵守有关规定，配合物业服务企业做好保洁卫生管理工作。

三、物业环境保洁管理的工作标准

1. 做到“五定”

清洁卫生工作要做到：定人、定地点、定时间、定任务、定质量。保洁部要在小区内所有应清扫保洁的部位都设专人负责清扫保洁工作，明确保洁人员清扫工作的具体任务、工作时间，以及应达到的质量标准等。

2. 做到“七净”“六无”

“七净”是指在物业管理区域内做到路面净、路沿净、人行道净、雨（污）水井口净、树根净、电线杆净、墙根净。“六无”是指在物业管理区域内做到无垃圾污物、无人畜粪便、无砖瓦石块、无碎纸皮核、无明显粪迹和浮土、无污水脏物。

3. 垃圾清运及时，当日垃圾当日清除

要采用设垃圾桶，实行袋装垃圾的办法集中收集垃圾。

第3节 物业环境绿化管理

物业环境绿化管理是一项功能与美观相结合的工作，对改善业主和物业使用人的工作和生活质量以及城市环境具有重要的作用。

一、物业环境绿化管理的功能

1. 防风、防尘，保护生态环境

绿化和树木能够发挥降低风速、阻挡风沙、吸附尘埃的作用。并且，由于树木的生命周期较长，效应也会比较持久。

2. 净化空气，降低噪声，改善环境

绿色植物能够吸收二氧化碳等有害物质，释放氧气；灌木与乔木搭配种植，可以形成绿色“声屏”，吸收和隔挡噪声。

3. 改善小气候，调节温度，缓解城市热岛效应

绿色植物在蒸发水分的过程中，能够增加周围空气的相对湿度、吸收热量、降低气温。所以，对于缓解人造热源过多，人口、车辆密集，建筑物集中等原因造成的“热岛效应”具有一定作用。

4. 美化物业区域和城市环境

良好的园林绿化不仅可以使城市充满生机，而且能够为业主和使用人的工作、生活、学习创造清新、优美、舒适的环境。

5. 提供休闲健身场所，陶冶人们道德情操

在绿地中，儿童游戏，成人休闲、娱乐，老人锻炼身体，可以起到丰富生活、陶冶情操、消除疲劳、增进人们彼此的联系与交往的作用。

二、物业环境绿化系统的组成

绿化系统是指不同规模、不同种类的绿地，按点、线、面相结合的原则组成的相互协调的有机体系。就城市而言，指城市范围内的绿化系统。从物业管理的角度说，物业管理区域内的绿化可以称为物业环境绿化系统，是城市绿化系统的重要组成部分。物业环境绿化系统一般由以下几个部分组成：

（1）公共绿地。物业范围内公共使用的绿化用地，如居住区的花园、住宅组群间的小块绿地。

（2）公共建筑和公用设施绿地，如物业范围内的学校、医院、影剧院周围的绿地。

（3）住宅旁和庭院绿地。

（4）街道绿地，如居住区内的干道、步道两旁种植的树木等。

（5）竖向绿化，如屋顶、墙面、阳台等处的绿化。

三、物业环境绿化管理机构设置和职责划分

1. 物业环境绿化管理的机构设置

物业环境绿化管理机构设置可根据实际情况而定。若是承包给专业园林绿化部门的，则只需要几个管理人员即可；若是自己完成的，可以设立专门的部门，即绿化部，一般至少下设一个养护组，如需要也可设花圃组和服务组，花圃组和服务组均可对外直接经营，为公司创收。

2. 物业环境绿化管理人员的职责划分

（1）部门经理的岗位职责

1）对公司经理负责，主持绿化部门全面工作，制定本部门工作规划。

2）积极开展创收工作，增加公司的经费收入。

3）检查、督促和考核部属工作。

4）主持、组织管理人员的绿化养护、培植技术培训。

（2）绿化技术人员的岗位职责

1）对部门经理负责，主持部门内的技术培训、管理指导工作。

2）负责制定绿化技术管理规定和措施。

3）负责绿化管理员工培训的实施。

4）负责绿化培植、养护、管理的技术指导和检查。

5）负责对外有关绿化经营技术业务工作。

（3）养护、管理人员的岗位职责

1）全面负责管辖区内的绿地、花木的养护和管理。

2）对损坏花木、践踏草坪者要劝阻、教育，情节严重的按规定处罚。

3）负责绿地、花木的浇水、施肥、除杂草、松土、除病虫、喷药、修剪整形、防护等工作。

4）妥善保管、使用好各种工具和肥料、药品等。

四、物业环境绿化管理的主要工作

1. 培训绿化管理养护员工

配备绿化工人不是一次性的，而是随着物业服务企业业务的开展和绿化生产的需要而逐步到位的。物业服务企业在培训绿化管理养护员工时要注意：首先，应招收热爱绿化工作、思想素质好的人员；其次，要有一定的试用期（一般为三个月）。在开业初期，由于招收人员不多，不需要集中进行正规培训、系统学习，可采取做什么学什么的方式，联系实际具体教，结合绿化养护管理现场学。在布置安排工作时，要讲授技术，交代措施。过一段时期后，物业服务企业已拥有了一定数量的绿化工人时，再集中学习，系统讲授有关绿化的知识，学习园林技艺。绿化工作工种多，不同工种技术要求不同，但在培训时要求本部门员工要全面掌握有关绿化方面的知识，学会所有技艺，每人都做到一专多能。这样才能有利于人员调剂变动，把环境绿化管理工作做好。

2. 做好绿地的营造工作

（1）绿地营造的设计要求

进行绿地设计时，一般应满足以下要求：遵循“实用、经济、美观”的原则，讲求功能与美观的有机结合；应对物业区域的出入口等醒目之处实施重点美化；与物业氛围及周边环境相协调等。

（2）进行树木的选择与配置

选择绿化树木的种类时，应注意以下问题：生命周期较长，抗病、虫害能力较强；道路旁的树木应树干高大、树冠浓密、清洁无臭；绿地上的树木不应带刺、有毒；水池边的树木应落叶较少、不产生飞絮等。

树木的配置可采取规划式和自然式等不同形式。前者多用于建筑物附近，后者宜用于远离建筑物的地方。同时，要注意绿与美的协调，树木种植的密度、树木生长期的长短、树冠大小，不同的树种的合理搭配，以及树木与建筑物、管道的间距等问题。

（3）完成园林小品的建造

物业管理区域的绿化虽然是以植物为主，但园林小品也是其中的重要组成部分，而且，可能对进一步提升绿化的美化功能起到画龙点睛的作用。

物业管理小区内的各种园林小品，一般应简单、小型。至于其种类、造型、规格、质地等，要根据功能与需要，因地制宜地进行选择，不宜面面俱到。

（4）实施竖向绿化

竖向绿化也称垂直绿化。屋顶、墙面、阳台等竖向绿化作为地面绿化的补充，不仅可以提高观赏性和绿化率，而且可以在一定程度上弥补建筑物自身功能的某些不足。

当然，由于竖向绿化基本属于住户控制范畴，因此，物业服务企业的工作主要集中在两个方面：一是为住户提供业务指导；二是对住户进行安全教育，如屋顶不能种植荷载较大的树木、防止阳台上的花盆坠落等。

3. 做好绿化的养护管理工作

绿地营造工作完成后，巩固建设成果、发挥应有效用的关键，还在于加强其养护与管理工作。

物业管理区域绿化的养护管理工作，一般包括以下内容：

（1）浇水

水是植物生长的三大要素之一。浇水时，应以水分浸润根系分布层，并保持土壤湿润为宜。但是不同的季节及气候条件，不同的植物及其生长期，不同的地势，对水的需求量也会有所区别。必须根据具体情况，灵活掌握。例如，夏季气温较高、水分蒸发快，应增加浇水次数；冬天休眠期，可以少浇水或不浇水。

（2）施肥

肥料是花木茂盛的必要条件。施肥时，可在树冠投影范围内，开挖 20 cm 左右的沟、穴，将肥料投入后，覆土填平，以避免肥料被水冲走，挥发失效。

花草树木的种类较多，对养分的需求也不相同。同时，肥料的种类也较多。必须根据土壤、树（花、草）种、树龄、生长期等的不同，科学施肥。例如，人行道旁的树木以遮蔽、观赏枝叶和姿态为主，应施氮肥促进其枝繁叶茂、叶色浓绿；以观赏花、果为主的植物，花芽形成前施氮肥可促进枝叶生长，花芽形成后则应施钾肥，尤其是磷肥。

（3）整形、修剪

树木的形态与观赏效果，生长、开花、结果等，都有赖于整形、修剪。

整形、修剪从时间上通常分为两类：一是休眠期修剪，二是生长期修剪。具体采用什么方式，应根据不同的植物、不同的时期而定。例如，常绿树没有明显的休眠期，冬季伤口不易愈合，一般在夏季修剪。

（4）除草、松土

通过除草将杂草清除，既可以防止杂草与绿化植物争夺土壤中的水分、养分，有利于生长，还可以减少病虫害的发生。

松土是将土壤硬化的表面打碎、松动，使之疏松透气，进而达到保水、透水、增温，促进植物生长的目的。

（5）病虫害的防治

植物在生长过程中可能受到各种自然灾害的威胁，其中病虫害的危害尤为严重和普遍。轻者会使植物生长发育不良，降低观赏价值；重者会引起品种退化，植物死亡，导致绿化失败。

病虫害的防治应贯彻"预防为主，综合防治"的原则。根据病虫害发生、发展的规律，充分利用抑制病虫害的各种手段，从栽培技术、物理防治、植物检疫、药物防治等方面入手，消灭病虫害滋生的条件，铲除病虫害对植物的危害，提高花草树木抵抗病虫害的能力。

4. 制定绿化管理规定

要做好绿化管理工作，除了物业服务企业要做好绿化设计、营造、施工、养护外，还要广大业主和物业使用人爱护配合。因此，物业服务企业要采取各种形式向广大业主和物业使用人，特别是儿童进行宣传教育，使人人都来关心爱护绿化，并制定相应的绿化管理规定。具体包括：

（1）人人有权利和义务管理和爱护花草树木。

（2）不攀折花木以及在树木上晾晒衣物。

（3）不损坏花木，保护设施及花坛。

（4）行人或车辆不得跨越、通过绿化地带，不准碰坏绿篱栅栏。

（5）不往绿地倾倒污水或投扔杂物。

（6）不在绿化范围内堆放物品，停放车辆。

（7）不在树木上及绿化带内设置广告牌。

（8）人为造成花木及保护设施损坏的，根据有关主管部门规定进行处罚，若是儿童所为，由家长负责支付罚款。

第 4 节　物业环境污染防治

伴随着环境污染的日益严重，人类的生存环境不断恶化。为了给业主和物业使用人创造一个整洁、舒适、优雅的良好环境，物业服务企业必须重视物业环境污染的防治工作。

一、大气污染与防治

1. 产生大气污染的原因

人类活动向大气中排放各种有毒、有害气体和尘烟等污染物，超过了一定界限，影响了人类健康，便造成了大气污染。已经产生危害的大气污染物有 100 多种，其中主要有二氧化硫、氮氧化物、一氧化碳、二氧化碳和粉尘等。造成物业环境大气污染的主要原因是：

（1）直接以煤炭作为能源燃烧，导致烟尘、二氧化硫、二氧化碳等的普遍污染，甚至引起酸雨污染。

（2）使用燃油型机动车辆，超量排放尾气。

（3）基建工地扬尘以及物业维修和装修造成的粉尘污染。

（4）不当燃烧以及燃放烟花爆竹等。

2. 大气污染防治的途径

（1）改变能源结构。我国的大气污染主要是煤烟型污染，因此要大力提倡使用煤气、天然气、沼气等清洁燃料，并大力开发太阳能、风能等新能源。在过渡阶段，可以引导业主和使用人采用型煤，它比原煤散烧可节能 15%，减少烟尘排放 50%。

（2）禁止在物业管区内焚烧沥青、油毡、橡胶、塑料、皮革、落叶和绿化修剪物等能产生有毒有害气体和恶臭气体的物质。特殊情况下确需焚烧的必须报经当地环保部门批准。

（3）严格控制管区内工业生产向大气排放含有毒物质的废气和粉尘。对确需排放的必须经过净化处理后达标排放。

（4）加强车辆管理，限制机动车辆驶入管区，既能减少尾气排放量，又能减少噪声。

(5) 在物业维修、装修时，尽量采取防止扬尘的措施。

(6) 平整和硬化地面，减少扬尘。

(7) 做好绿化。树木、绿草能净化空气、遮挡灰尘，因此，绿化是防治大气污染的积极途径。

二、水体污染与防治

1. 产生水体污染的原因和种类

(1) 病原体污染物

生活污水及医院、饲养场、食品加工等排出的废水中常含有各种病原体，如病菌、病毒、寄生虫等。

(2) 需氧物质污染物

是指在生活污水、饮食服务、食品加工等排放的废水中，含有需氧的有机物质。这类污染物的主要危害是造成水中溶解氧减少，当水中溶解氧耗尽后，有机物质将进行厌氧分解，产生硫化氢、氨和硫醇等难闻气味，使水质进一步恶化。

(3) 有毒化学物质

有毒化学物质种类较多。第一类是重金属，第二类是酚和氰，第三类是有机氮化合物、有机氯化合物等。它们对人体都有很大的危害。

(4) 其他污染物质

它是指酸性和碱性物质、盐类、石油、放射性物质以及热力等，这些物质排入水体后，都会对环境和人类造成损害。

2. 水体污染防治的途径

(1) 加强污水排放的控制

防止水体污染的主要措施是严格控制工业和生活污水的任意排放，除此之外，还要加强对水体与污染源的巡回监测，从制度和管理上控制随意排污和超标准排污现象。

(2) 加强对已排污水的处理

在目前的社会生产条件下，产生工业和生活污水是不可避免的。为了确保水体不被污染就必须对已排污水进行处理，使水质达到排放标准和不同的利用要求。污水处理的方法有多种，例如，物理处理法、化学处理法、物理化学法、生物处理法等。

(3) 加强生活饮用水二次供水卫生管理

生活饮用水二次供水是指通过储水设备和加压、净化设施，将自来水转供业主和使用人生活饮用的供水形式。为了有效地防止污染，物业服务企业必须加强二次供水及其卫生管理，要确保达到饮用标准，要按照规定进行消毒。

三、固体废弃物污染与防治

1. 固体废弃物污染产生的原因

固体废弃物是指生产、生活和其他活动中产生的，在一定时间和地点不再需要而丢弃的固态、半固态或泥态物质。固体废弃物按其来源和管理要求，可以分为工业型和生活型两大类。而在物业管理区域中以生活型固体废弃物为主。

生活型固体废弃物，即城市生活垃圾，是指居民生活、商业活动、市政维护、机关办公等产生的生活废弃物，如炊厨废弃物、废纸、织物、家用杂具、装修垃圾、脏土、粪便等。

物业管理区域是城市日常生活的主要发生源。大量的生活垃圾源源不断地、集中地产生在这一人类的聚居地，并且正随着经济的增长而递增。在业主和使用人尚未普遍树立起高度的环境保护意识并养成文明的生活习惯时，或者在管理体制尚未理顺的情况下，物业环境极易引起生活垃圾的污染。例如，业主和物业使用人进行破坏性装修，大量产生装修垃圾；任意乱扔炊厨废物、无用电器、塑料制品等。因此，对业主和物业使用人生活垃圾的管理，成为防治物业环境固体废弃物污染的重点。

2. 固体废弃物污染防治的途径

（1）对于垃圾，物业服务企业应建立垃圾的分类收集系统，做到从该物业及时输出或处理。有条件的可自己处理，没有条件的应把垃圾送到城市垃圾处理中心集中处理。对无机垃圾，可采用填埋处理方式。对有机垃圾、动植物尸体等，可经过高温灭菌无害化处理，制成有机肥输送农田。

（2）粪便纳入城市污水处理系统。

（3）沟泥要进行固液分离，固体干化科学处理，提高无害化处理率，然后输送到农林生态系统。

四、噪声污染与防治

噪声污染是指人类活动排放的环境噪声超过国家规定的分贝标准，妨碍人们工作、学习、生活和其他正常活动的现象。

1. 产生噪声污染的原因

（1）车辆交通噪声

车辆交通噪声是噪声的来源之一。当机动车辆驶入物业管理区域内时，会发生行进、振动和喇叭声，造成直接污染。

（2）建筑施工噪声

在物业管理区域外如有建筑工地，会发出机械振动、摩擦撞击、搅拌、吆喝等噪声，使物业环境受到间接污染。物业区内本身的维修和装修活动，也会产生施工噪声和使用电动工具的刺耳噪声污染。

（3）社会生活噪声

是指物业管理区内部和建筑物内部各种生活设施、人群活动等产生的噪声。主要包括商业设施噪声、教育设施噪声和居民生活噪声三类。例如，户外农贸市场的嘈杂声、小区内卡拉 OK 的歌唱声、中小学广播喇叭声、儿童的哭闹声等。

2. 物业环境噪声污染的控制措施

（1）禁止在住宅区、文教区和其他特殊地区设立产生噪声污染的生产、经营项目。

（2）禁止在夜间（一般指 22：00—次日 6：00 内）从事施工作业，以免影响他人休息。但抢修、抢险和必须连续作业的，经市或区县环保局批准的除外。

（3）禁止机动车、船在禁止鸣笛区域内鸣笛。控制机动车辆驶入物业区域内，对于允许驶入的车辆，采取措施迫使减缓车速以减少噪声，并禁止鸣喇叭。

（4）从事文化娱乐活动，或者使用音响设备、乐器等开展室内娱乐活动时，应采取有效措施控制音响，不得影响他人的正常生活。

思考与练习

1. 简述公共秩序管理服务的内容。
2. 简述物业保洁管理的工作标准。
3. 简述物业环境绿化管理的基本要求。
4. 物业综合管理的内容是什么？
5. 物业服务企业怎样做好物业的安全管理？
6. 物业服务企业怎样才能做好物业环境的保洁和绿化的管理工作？

第 5 章　不同类型物业管理

第 1 节　居住物业管理

随着社会的进步和生活水平的提高，人们对居住的需求不断提高，由最初的对住宅遮风挡雨、饮食睡眠、卫生安全等最基本的生存需求发展到对舒适、美学和个性心理的追求。与此同时，人们对居住环境、配套设施、社区管理与服务水平也都提出了更高的要求。

一、居住物业的功能

1. 居住功能

这是住宅小区最基本的功能。根据居民的不同需要，提供各种类型的住宅，如多种类型的居住单元、青年公寓、老年公寓等。在居住功能中，最重要的是它能够提供人们休息的场所和环境，其他的才是如饮食、盥洗、个人卫生、学习、娱乐、交际等功能。

2. 服务功能

住宅小区的服务功能是随着城市规划建设要求、房地产综合开发而来的，即要求小区的公用配套设施和小区的管理应能为居民提供多项目多层次的服务。这些服务包括：教卫系统，如托儿所、幼儿园、小学、中学、医疗门诊、保健站、防疫站等；商业餐饮业系统，如饭店、饮食店、食品店、粮店、百货店、菜场等；文化、体育、娱乐服务系统，如图书馆、游泳池、健身房、电影院、录像室等；其他服务系统，如银行、邮局、煤气站、小五金、家电维修部等。

3. 经济功能

住宅小区的经济功能体现在交换功能和消费功能两方面。交换功能包括：第一，物业自身的交换，即开展住宅和其他用房的出售或出租经纪中介服务；第二，小区管理劳务的交换，即业主通过合同的方式将住宅小区的管理委托出去。消费功能指的是随着城市住房制度改革的不断深化，住宅小区中的住宅将不断商品化，并进行商业化的管理。包括住宅在购、租两方面的逐渐商品化及小区的管理和服务都是有偿的，住用人将逐渐加大对居住消费的投入。

4. 社会功能

住宅小区的主体是居民，居民的活动是社会活动。聚集在住宅小区的各种社会实体，如行政治安机关、商业服务业、文化教育、银行等是以住宅小区为依托，共同为居民服务，发挥各自的功能。这些实体之间、实体与居民之间、居民相互之间组成了住宅区的社会关系、人际关系，形成了一个社会网络，相互影响和相互制约。

二、居住物业的特点

随着房地产综合开发生产方式的推行、住房制度改革的深入和社会主义市场经济体制的逐步建立和完善，人们的居住条件得到了极大的改善和提高。总体来看，现阶段我国居住物业具有如下四个特点：

1. 产权多元化

随着城镇住房制度改革的不断深入，由过去的福利实物分房走向公房出售和货币化分配以及个人购房。目前，我国居住物业的产权已呈现出多元化的格局，有完全产权的商品房、经济适用住房、售后公房、租赁房，租赁房又分为公房租赁和私房租赁。

2. 结构的系统性

住宅小区的建筑结构是一个整体，具有不可分割的系统性。这不仅是从房屋结构的整体来看，从小区的共用设施来看也是系统配套、不可分割的，如供电、供水、供暖、供气、排水等都构成了一个完整的系统。

3. 功能的多样性

住宅小区除了满足居住功能外，还配备了多功能的服务设施，如教育卫生设施、商业服务设施、文化娱乐设施、公共服务设施（如银行、邮局等）。这些功能基本满足了居民的生活要求，但也给小区物业的管理带来了难度以及新的机遇。

4. 内涵的社会性

居民、居住物业是社会得以存在与发展的重要的基本组成部分，居民的成分和来源复杂，不同方言（语言）、文化、宗教信仰的人居住在一起，他们的社会活动、经济活动和生活方式丰富多样，使得住宅小区成为一个“小社会”。这也增加了小区物业管理的难度，成为住宅小区区别于其他类型物业管理的最大特点。

三、居住物业的分类（见表5—1）

表5—1 居住物业的分类

类型	具体说明
住宅小区	住宅小区是指按照城市统一规划进行综合开发、建设，达到一定规模、基础设施配套比较齐全的居住区。住宅小区由居住设施和居住环境构成。其中，居住设施是指房屋及与之配套的供电、供水、供气、下水、消防等设备以及小区内公共用房和配套的公共设施；居住环境包括自然环境和人文环境两部分
花园别墅	花园别墅一般指带有庭院的二至三层独居式住宅。从建筑样式来看，可分为四面临空、有庭院围护的独立式和有一面与相邻别墅连接，其他三面临空的连体式两种类型
公寓	公寓是指具有分层住宅形态，各有室号及专门出入口，成为各个独立居住单位的物业。根据其设计和建造的不同，可分为花园式公寓、高级公寓及普通公寓。花园式公寓一般指建在住宅小区、花园洋房或纯别墅区内，配备完善的居室设施以供出租的单元；高级公寓强调景观、设施和黄金地段，装修豪华，家庭用具齐全，有方便、良好的酒店式服务；普通公寓是满足大众化市场需要的居住单位，一般地段较偏远，其配套设施、环境与前者相去甚远

四、居住物业管理的指导思想

1. 服务第一，方便群众

住宅小区的物业管理本身就是为了尽可能满足居民的现实需要和期望而提供服务，这决定了小区的物业管理者必须将服务放在第一位，为广大群众提供各种生活便利。

2. 自治管理与专业管理相结合

住宅小区的管理离不开专业的物业管理，但由于业主是物业的所有者，依法拥有对自己物业管理的决策、监督及参与的权利和义务，因此专业的物业管理单位必须尊重业主的自治管理权，而业主也应该积极配合专业物业管理单位，使其发挥最大的效用。

3. 统一管理，综合服务

实行管理与服务相结合，将传统的单纯房屋维修变为对建筑物及其附属物、绿地、环卫、治安、绿化、道路实施全方位的管理，并为居民提供多方面的综合性服务。

4. 经济效益、环境效益、社会效益、心理效益相结合

居住小区物业管理是一种企业化行为，需要追求经济效益。居住小区是城市大环境中的小环境，是与广大居民的身心健康关系最为密切的环境，居住小区物业管理的好坏，直接关系到环境效益。住宅小区管理的社会效益，主要体现在为居民提供一个安全、舒适、和睦、优美的生活空间，体现在人际关系的调节，也体现在对社会安定团结的维护。心理效益是上述效益反映在居民心态中的一种主观感觉，一种居住环境理想的境界与心理价位，或称期望值。如果住宅和环境的安全、舒适、优美的程度已达到或超过心理价位，居民就会有一种满足感、幸福感，甚至有享受感、奢侈感。因此，住宅小区的物业管理必须考虑上述四方面效益的结合。

五、居住物业管理的内容

1. 住宅小区居民的管理和服务

住宅小区的物业管理，其管理和服务的对象首先就是住宅小区的居民。对于居民的管理，并不是说要限制他们的人身自由，而是要管理他们在小区居住时的部分行为。就是说为了住宅小区的公共秩序及住宅小区全体居民的利益，每一位居民都应该在住宅小区内服从物业服务企业所制定的一系列管理制度和规定。当然，这些制度和规定必须是在为小区居民服务基础上建立起来的，否则会遭到居民的反对。

2. 房屋管理

房屋管理是小区物业管理工作的基础和本源。房屋管理的主要内容包括：

（1）房屋结构与外观完整与完好的维护。

（2）房屋老化、损坏的检查、鉴定、赔偿与修复。

（3）房屋内外装修的审批与约束。

（4）房屋使用管理（包括进住、退房登记，使用单位、人员、室内用品的登记，房间钥匙的登记发放、收回及门锁的更换等）。

（5）建筑物内外标志、广告的管理。

（6）房屋档案的建立与维护更新。

3. 环境卫生、绿化管理

环境管理的主要任务就是维护、保持小区的宁静、舒适、整洁、优美。主要工作内容有：

（1）制止区内乱丢、乱放、乱倒、乱堆废物垃圾，制止乱张贴、乱涂写，制止饲养家畜、家禽，控制噪声及空气、水质污染，消除区内污染源。

（2）对区内的马路、便道、绿化带、公共场所及时清扫保洁，设立卫生收集器具，及时收集、清运垃圾，及时对垃圾桶等卫生器具清洗、消毒、归位，加强防疫灭鼠、灭蟑螂、灭蚊蝇，加强对小区内经营商户的卫生管理和检查，保持区内清洁卫生。

（3）加强住宅小区内的绿化养护，对绿化带、区内小公园、道路两侧树木、花草及小品建筑等都设立专人养、培、修、护，保持小区内的美化和绿化。

4. 治安管理

治安管理的目标是保证整个住宅小区的安全与安宁。其工作分为两部分：一部分是安全保卫，另一部分是正常的工作和生活秩序的维护。具体来说要做好以下几方面工作：

（1）配置保安设备，成立保安队伍，制定保安制度。

（2）对保安员进行专业技能和职业道德的培训和考核。

（3）进行区内定点监控、重点防范、治安巡逻。

（4）进出的人员和车辆要登记，做好治安事件的记录，联防联保。

（5）对于违章的纠正，进行文明礼貌和社会道德教育。

5. 住宅小区内供水、供电、公共照明、电梯、空调等设施、设备的管理

（1）建立各主要设施、设备的管理和使用制度。

（2）确定专业技术人员的分工和责任。

（3）对设施、设备要进行定期检查和维护。

（4）建立报修、回访制度，特殊情况的公告及应急处理。

6. 市政设施管理

市政设施管理主要是指对住宅小区内的道路、公共排水、排污管道和化粪池等设施的管理。道路管理的重点是确定车辆通行规则，主要工作是防止占道经营、车辆乱停乱放，做好道路的维护保养，保持道路平整通畅；排水、排污管道和化粪池管理工作的重点是防止人为因素引起的管道堵塞，防漏清疏，做好周期性的检查和维护。

7. 车辆管理

住宅小区的人口众多，层次有别，汽车、摩托车、自行车，再加上外来的车辆进出频繁，因此说车辆管理是必不可少的。车辆管理的主要工作就是车辆的停放和车辆的保管，总体来看，通常有以下几项工作：

（1）根据实际情况（道路状况、安静度需要、停放场地大小、人流特别是儿童流量的大小等）划定允许进入本区域的车辆品种及型号。

（2）设定合适的停车场、棚、库房。

（3）订立适当的车辆进出门卫检查、放行制度。

（4）订立车辆停放保管制度。

（5）禁止车辆乱停乱放，订立、执行相应的处罚措施。

（6）配置相应的监控、防盗设施。

8. 消防管理

消防管理是非常重要的，其主要工作内容有：

（1）贯彻国家和地方政府消防工作法令，制定严密的住宅小区内的消防制度。

（2）坚持固定的巡查检修制度和节假日重大活动的全面检查，一旦发现问题，必须限期整改解决。

（3）健全专职和兼职的消防组织，建立严格的消防制度和责任人制度。

（4）要经常性地进行防火防灾的宣传教育。

（5）抓好平时的管理训练和演习。

9. 物业租赁管理

住宅小区的物业服务企业可以依据自身的优势直接从事或代理物业租赁业务。物业租赁是物业经营的主要工作，通常要抓好以下几个基本环节：

（1）核查物业是否符合租赁条件。

（2）核准租赁物业的面积，合理分摊共用面积。

（3）开展市场调查，合理确定租赁价格。

（4）明确房屋租赁价格以外的收费内容与标准，如电话费、水电费、管理费等。

第2节　写字楼物业管理

专业的物业服务企业能够给写字楼营造出一个良好的内部办公环境，并对大厦的设备设施提供优质的维护，保证长期使用，对保证物业口碑、提高出租率、保持租金水平非常有效。

一、写字楼的特点

1. 多建于城市中心的繁华地段

由于大城市交通方便、经贸活动频繁、信息集中通畅，所以各类机构均倾向于在大都市的中心地带建造或租用写字楼，以便集中办公、处理公务和经营等事项。以金融、贸易、信息为中心的大城市繁华地段，写字楼更为集中。

2. 规模大，单位多，人口密度大

写字楼多为高层建筑，楼体高、层数多、建筑面积大、办公单位集中，可以拥有几十家甚至上百家租赁单位，工作人员以及往来客人将形成巨大的人流。

3. 建筑及其配套设备设施现代与先进

为了吸引有实力的公司、机构进驻办公，满足其体现身份、高效办公的要求，写字楼一般选用的建筑材料都较为高档，外部装饰大都有独特的格局、色彩，内部一般都配有先进的设备设施，如给排水系统、供电系统、中央空调、高速电梯、保安消防系统、通信系统、照明系统等。

4. 功能齐全，配套齐全

现代写字楼一般还拥有自己的设备层、停车场以及商场、商务、娱乐、餐饮、健身房等工作与生活辅助设施，为客户的工作和生活提供方便，满足租户高效率工作的需要。

5. 办公时间集中，人员流动性大

一般来说，写字楼物业使用时间比较集中，多数都集中在 8：00 以后 16：00 以前。上班时间整个物业是人来人往，川流不息，下班后是人去楼空，冷清异常。

6. 经营管理要求高、时效性强

由于现代写字楼本身规模大、功能多、设备复杂，加之进驻的多为大型客户，自然各方面的管理要求较高。另外，由于写字楼具有收益性的特点，高的出租（售）率是其获得良好稳定收益的保证。经营管理不当就不能赢得客户，甚至会马上失去已有的客户。而当期空置则意味着当期损失，所以其经营管理的时效性极强。

二、写字楼的类型

目前，我国写字楼分类尚无统一标准，专业人员主要依照其所处的位置、规模、功能等进行分类。

1. 按建筑面积大小划分

（1）小型写字楼。建筑面积一般在 1 万平方米以下。

（2）中型写字楼。建筑面积一般在 1 万～3 万平方米。

（3）大型写字楼。建筑面积一般在 3 万平方米以上。

（4）超大型写字楼。建筑面积一般在十几万平方米甚至几十万平方米以上。

2. 按功能划分

（1）单纯性写字楼。指基本上只有办公一种功能，没有其他功能的写字楼。

（2）商住型写字楼。指既能办公，又能提供宿舍的写字楼。

（3）综合性写字楼。指以办公为主，同时又具备其他多种功能，如公寓、商场、展厅、餐厅等多功能的综合性楼宇。

3. 按现代化程度划分

（1）非智能型写字楼

非智能型写字楼指一般的写字楼。

（2）智能型写字楼

智能型写字楼指具有高度自动化功能的大楼，通常包括通信自动化、办公自动化、建筑设备自动化、大楼管理自动化等功能。

4. 按国际惯例划分

（1）甲级写字楼

指具有优越的地理位置和交通环境，建筑物的自然状况良好，建筑质量达到或超过有关建筑条例或规范的要求；其收益能力与新近建成的写字楼相近；有完善的物业管理服务，包括 24 h 的维护维修与保安服务的写字楼。

（2）乙级写字楼

指具有良好的地理位置，建筑物的自然状况良好，建筑质量达到有关建筑条例或规范的要求，但建筑物的功能不是最先进的，有自然磨损存在，收益能力低于新近落成的同类建筑物的写字楼。

（3）丙级写字楼

指物业的使用时间较长，建筑物在某些方面不能满足新的建筑条例或规范的要求，建筑物存在较明显的物理磨损和功能陈旧，但仍能满足低收入承租人需求的写字楼。因其租金较低，尚可保持一个合理的出租率。

三、写字楼物业管理的目标和特点

写字楼物业管理是一项因写字楼物业的存在而产生的一种特定的管理服务交易。在这种交易过程中，既涉及交易价格，又涉及交易关系。

1. 写字楼物业管理的目标

（1）确保写字楼功能的正常发挥

写字楼物业管理的主要任务是保证写字楼内部的正常办公秩序，确保大厦内供电、供水、空调、电梯、供暖等设备设施处于正常运行状态，为楼内业主提供安全、舒适、优雅、便利的生活和办公环境。该目标是写字楼物业管理的首要目标。

（2）为业主或物业使用人提供一个安全、舒适、便捷的工作环境

物业服务公司通过提供优质的服务、创造并保持良好的环境，让业主在大楼里工作、生活感到安全、舒服、方便，而且在大楼内往来、活动便捷，与国内外的信息联系快捷、畅通。该目标是写字楼物业管理得以延续的重要保证。

（3）促使物业保值增值

物业管理工作做得好，通过对物业的精心养护和维修，不仅能使物业及其设备处于完好状态，能够正常运行，而且可以提高物业的档次和适应性，延长物业的使用年限，使物业保值增值，即使是在市场比较疲软的情况下，也能够容易地招徕客户，出租或出售这些房屋，获取更多的租金或利润，从而产生较高的经济效益。该目标是写字楼物业管理区别于其他物业的重要指标。

2. 写字楼物业管理的特点

（1）科技含量大，管理要求高

由于现代化的写字楼本身规模大、功能多、设备先进，加之进驻的多为大型客户，各方面的管理要求都较高。特别是现代化的智能写字楼，因为采用的全部是最先进的技术和设备，所以对物业服务人员提出了更高的要求。物业服务人员不仅要具有管理知识，更要具有与之相配套的专业技术知识，才能驾驭这些设备，担负起管理和维护这些设备系统的重任。同时，物业服务人员还要指导客户正确使用这些设备，避免设备被人为损坏。

（2）设备设施多，管理难度大

写字楼内办公人员众多，计算机、打印机、复印机、传真机、电话等各种办公设备基本上都是全天使用，因此，必须保证供电系统的正常运行。否则，将直接影响楼内办公人员的工作效率，给客户带来巨大损失，导致客户的不满，甚至是投诉或索赔。

为了给客户提供一个舒适的工作环境，消除病菌从空调通风管道传播的可能，物业服务公司必须保证楼内空调系统的正常运行，定期对空调通风管道进行消毒，保证楼内的温度、湿度和空气质量符合国家的相关标准。

为了保证客户的正常生活用水，物业服务公司必须对楼内的给排水系统设备进行定期的维修、养护及按时对生活水箱进行清洗消毒，保证客户的用水安全。

对那些在高层办公的客户来说，电梯是其最重要的交通工具，如果电梯出现故障将会给客户的出行带来很大的不便，因此物业服务公司必须制定严格的电梯运行保养制度，通过合理的运行和科学的养护，提高电梯运行的安全性，确保客户正常使用。

保证客户和外界通信渠道的畅通，是现代化智能写字楼物业管理的重要任务之一。在这个信息社会中，信息的交流与获取是至关重要的，是客户获得巨大经济效益的前提。物业服务企业要通过对楼内通信设备日常及定期的维护，保证写字楼内通信系统设备的安全运行，以满足客户的需求。

（3）安全保障要求高，消防工作重

写字楼内一旦发生火灾，后果将不堪设想，所以消防工作非常重要。在物业服务工作中，除了要保证消防设备设施的完好和消防渠道的畅通外，还要消除火灾隐患，加强写字楼内的装修管理，加强对员工及客户的防火宣传教育工作。

由于写字楼内人员流动较大，且楼内死角过多，因此必须加强对各区域的定时巡逻检查及完善楼内的安全监控措施，达到人防与技防的有机结合。对进入办公区的人员必须建立登记检查制度，并通过严格的监督检查机制确保安全保卫管理制度的有效实施。

此外，在物业服务的过程中，还要随时做好应对突发事件的准备。由于写字楼内设备系统、建筑结构和人员的复杂性，物业服务公司应时刻保持警惕，随时准备应对各种突发事件。因此，物业服务公司要建立完善的应急预案，如火灾或刑事案件发生时的处理预案、意外人身伤害的处理预案、公共卫生应急预案等，并应定期进行演练，做到常抓不懈。

（4）环境要优雅，清洁要求高

由于写字楼内人员多，容易出现脏、乱和建筑材料损坏的问题。为了创造干净、整洁、优雅、舒适的办公环境，写字楼内卫生间、大堂、走廊、楼梯间、电梯厅等公共区域的卫生及办公区域的卫生应由专业的保洁人员进行定时、定期的清洁、打扫和维护。

楼内垃圾的及时清运、定期消毒工作是预防疾病传播的有效手段之一。定期的外墙清洗，还可以保持写字楼良好的外观形象。

在写字楼内外摆放适当的花卉和绿色观赏植物，既能增加视觉美感又能净化环境，还能使客户感到舒适。

四、写字楼物业管理的方式

因写字楼的规模不同、功能不同、用户要求不同、业主或投资者的目的不同，其管理方式也不同，主要有如下四种方式：

1. 委托服务型物业管理方式

委托服务型物业管理是指业主或投资者将建成的写字楼委托给专业的物业服务企业来管理。这种类型的物业服务企业不拥有物业的产权，只拥有经营管理权。物业服务企业为了获得更好的经济效益，可同时接管多幢大楼甚至另一类物业。其职能包括房屋及其附属设备设施的保养、维修、治安、环卫、交通、消防、绿化等服务。

2. 自主经营型物业管理方式

自主经营型物业管理是业主或投资者将建成的写字楼交由属下的物业服务企业或为该幢写字楼专门组建的、从事出租经营的物业服务企业进行管理，通过收取租金收回投资。收回投资后，业主或投资者不仅拥有了该幢物业，而且可继续出租获取利润。它对该物业不仅具有维护性的管理职能，更主要的是对所管理物业的出租经营，从而可获取长期、稳定的利润。它的经营职能不只是将写字楼简单地租出去，还需根据市场需要和变化对所管物业做出适时的更新改造，如室内装修、外墙粉饰、空间的重新分割等，以提高物业的档次和适应性，改造和完善物业的条件，如电信通信、楼层、交通、庭院美化和绿化等，进而调整租金以反映市场价格的变化，从而获取更多的利润。

3. 专业型服务企业物业管理方式

专业型服务企业物业管理是指业主或物业服务企业接管写字楼后，将有些专业性较强的内容委托给社会上一些专业的服务企业，如电梯公司、热力公司、清洁公司、保安公司、园林绿化公司等去做。专业的服务企业一般都具有人员精干、技术水平高、技术装备全、服务质量好、服务收费合理的特点。专业服务公司在发达国家是相当普遍的，在我国由于整个物业管理行业起步较晚，所以专业化分包管理还不太成熟，但在一些大城市也相继出现了一些专业公司。

4. 综合型物业管理方式

结合物业的不同特点，综合使用上述几种管理方式。

五、写字楼物业管理的内容

1. 写字楼使用前的准备工作

（1）物业服务企业与业主或大厦业主委员会签订物业服务合同，明确责、权、利关系，并制定管理规约或用户公约。

（2）制订物业服务方案，草拟写字楼各项管理制度、服务质量标准、物业服务收费标准、各工作岗位考核标准、奖惩办法等。

（3）根据业主或投资者投资这类物业的意向，是业主自用还是出租或部分自用部分出租，是一个客户还是多个客户占用一幢写字楼，是单用途还是多用途等具体情况，成立大厦业主委员会。

（4）根据写字楼不同的标准和各部分的用途，编写物业管理维修公约，计算楼宇各部分所占的管理份额，使各单位使用者公平地负担管理费及管理专项维修资金的支出。

（5）物业服务企业根据写字楼的特点及周边环境制定出争创全国或省、市、自治区物业管理示范大厦的规划与具体的实施方案并落实到各部门。

（6）按照有关规定，做好写字楼的接管验收工作。

2. 租售营销服务

写字楼是收益性物业，除了业主少部分自用外，大部分都用于出租，有时也会出售转手。写字楼客户的流动率较高，如果物业服务企业接受业主的委托代理物业租售业务，则营销推广是其一项经常性的管理工作内容。为了使写字楼保证较高的租售率和较高的收益，物业服务公司必须做好营销服务。写字楼营销的市场调研和营销计划制订，整体形象设计、宣传推介，引导买租客户考察物业，与客户的联络、谈判、签约，帮助客户和业主沟通等均属于写字楼的营销推广服务范畴。

由于转变投资地点、方向以及兼并、破产等各种原因的影响，写字楼客户变动的情况时有发生。固有的客户对办公空间重新布置、面积增减、改变设备配置与服务等的要求也经常存在。因此，为吸引和留住客户，写字楼的营销服务工作是一项十分重要的经常性工作，否则，便不能保证较高的租售率，影响写字楼物业的收益。这方面应有专门的营销人员在写字楼前台工作或设立专门的办公室办公，进行市场行情调研，主动寻找目标客户，征求已有客户对物业的使用意见，尽力满足客户的各方面要求，保证物业较高的租售率。

3. 房屋建筑及附属设备设施的维修养护和管理

(1) 房屋使用管理及维修养护

写字楼建筑的维修养护和住宅、商厦等其他类型物业的做法基本相同，要求做到大厦栋号、楼层有明显引路标志，无违反规划私搭乱建，大厦外观完好、整洁，保证房屋的完好率和维修及时率、合格率，并建立回访制度和回访记录。

物业服务公司还应监督业主和物业使用人对写字楼进行的二次装修，将房屋装修中的禁止行为和注意事项告知业主和物业使用人，以确保楼宇结构和附属设施、设备不受破坏。

(2) 设备、设施使用管理及维修养护

写字楼的设备先进，智能化程度高，对维修养护和使用管理要求较高，所以，设施设备使用管理及维修养护是写字楼物业管理的一项重点内容。《全国物业管理示范大厦及评分细则》(2000 年 5 月，原建设部以建住房物第 008 号文件发布) 关于大厦设备管理的要求远远多于和高于一般住宅小区的管理标准。为了保证设备能够正常地、良好地运行，延长设备的使用年限，应制定严格的设备养护和维修制度，下功夫做好设备的日常养护、检修工作，不能坐等报修。此外，设备管理人员应实行 24 h 值班制度，以在最短时间内处理突发运行故障。

4. 环境保洁与绿化美化服务

(1) 保洁服务

物业服务企业应实行标准化清扫保洁，制定完善的清洁细则，明确需要清洁的地方，所需清洁次数、时间，由专人负责检查、监督。设有垃圾箱、果皮箱、垃圾中转站等保洁设备。写字楼的清洁卫生服务项目包括写字楼公共区域、走廊及通道的清洁，外墙的定期清洁，空调机房、配电房、楼层配电室清洁，电梯清洁保养，消防设备的清洁，供水、排水、泵房系统及其设备的清洁，公共照明设备的清洁，公共洗手间的清洁，垃圾房的清洁，写字楼外围区域的清洁，停车场清洁服务，写字间内大清扫服务，清洗地毯服务，各类石材地面打蜡、抛光服务，汽车、摩托车、自行车的清洗以及其他清洁卫生服务项目。

(2) 绿化美化服务

写字楼内外的绿化美化管理也是写字楼物业管理的日常工作内容之一。绿化美化管理既是一年四季日常性的工作，又具有阶段性的特点，必须按照绿化的不同品种、不同习性、不同季节、不同生长期，适时确定不同的养护重点，安排不同的落实措施，保证无破坏、践踏及随意占用绿地现象。

5. 安全管理服务

（1）安保服务

1）制订全面的保安工作计划，建立有效的保安制度，消除一切危及或影响业主与使用人生命财产和身心健康的外界因素。

2）根据大厦平面布局和总面积、幢数、出入口数量、公共设施数量、业主及客户人数，配齐保安固定岗和巡逻岗的位置与数量。

3）确定保安巡逻的岗位和路线，做到定时定点定线巡逻与突击检查相结合，特别注意出入口、隐蔽处、仓库、停车场（库）等处。

4）建立 24 h 固定值班、站岗和巡逻制度，做好交接班工作。

5）完善闭路电视监控系统，在主要入口处、电梯内、贵重物品存放处及易发生事故的区域或重点部位安装闭路电视监视器，发现异常及时采取措施。

（2）消防管理

1）建立完善的消防管理组织。建立公司总经理、部门经理、班组长三级防火组织，并确立相应的防火责任人；组建以保安部人员为主的专职消防队伍和由物业服务公司其他部门工作人员、业主、客户组成的义务消防队伍。

2）根据《中华人民共和国消防条例》的规定，制定防火制度，明确防火责任人的职责，制定防火工作措施，从制度上预防火灾事故的发生。将防火责任分解到各业主、客户单元，由各业主、客户担负所属物业范围的防火责任。

3）进行消防宣传。宣传的形式有消防轮训，利用标语或牌示进行宣传，发放消防须知（防火手册）。宣传的内容有消防工作的原则、消防法规和消防须知。定期组织消防演习。发动大家及时消除火灾苗头和隐患。

4）配备必要的消防设施设备，建立消防管理档案。

5）定期组织及安排消防检查，根据查出的火险隐患发出消防整改通知书，限期整改。

6）制订灭火方案及重点部位保卫方案，明确火灾紧急疏散程序。做好疏散的准备工作，人员疏散为主为先，转移危险品、抢救贵重财产在后。

（3）车辆进出与停车服务

主要是做好停车场（库）各方面的管理工作，加强车辆进出与停车的引导服务和及时疏导来往车辆，使出入写字楼的车辆井然有序，保证车辆及行人的安全。

6. 写字楼的商务服务

写字楼一般设有商务中心，是物业服务企业为了方便客户，满足客户需要而设立的商务服务机构。

（1）服务要求

客户对商务中心服务质量的评价，是以服务的准确、周到、快捷为出发点。因此必须选用知识全面、经验丰富、有责任心的工作人员，并制定明确的工作要求。商务中心人员不仅品德修养要高，而且应具备流利的外语听、说、读、写能力，熟练的中英文打字能力，熟练操作各种办公设备的能力，以及商务管理知识、秘书工作知识和一定的设备清洁、养护知识。

商务中心工作人员在提供服务时，应了解清楚客户所需服务项目、服务时间及服务要求，向客户讲明收费标准，准确、迅速地完成服务项目。

（2）商务服务项目

写字楼商务服务项目应根据客户的需要进行设置，主要有：

1）各类文件的处理、打印服务。

2）长话、传真、电信、互联网服务。

3）邮件、邮包、快递等邮政服务。

4）商务咨询、商务信息查询服务。

5）商务会谈、会议安排服务。

6）计算机、电视、录像、幻灯等设备的租赁服务。

7）临时办公室租用服务。

8）翻译服务。

9）报刊订阅服务。

10）文件、名片等印刷服务。

11）客户外出期间保管、代转传真、信件等。

12）其他服务。

7. 写字楼的前台服务

在写字楼市场竞争日趋白热化的今天，谁能为客户提供更好的服务，谁就能拥有更多的客户，谁就能在写字楼市场的竞争中立于不败之地。写字楼的前台服务项目主要有：

（1）钥匙分发服务。

（2）问讯、引导服务和留言服务。

（3）物品寄存服务。

（4）信件、报刊收发、分拣、递送服务。

（5）行李搬运、寄送服务。

（6）出租汽车预约服务。

（7）提供旅游活动安排服务。

（8）航空机票订购、确认服务。

（9）全国及世界各地酒店预订服务。

（10）代订餐饮、文化体育节目票务服务。

（11）文娱活动安排及组织服务。

（12）外币兑换。

（13）花卉代购、递送服务。

（14）洗衣、送衣服务。

（15）代购清洁物品服务。

（16）其他各种委托代办服务。

除以上各项管理与服务工作外，协调好写字楼与客户和社会各界的关系也是做好写字楼物业管理的一项重要内容。

第3节　商业中心物业管理

商业中心物业有出租经营、确保最高回报率的目标，其所使用的设备设施比较先进、复杂，对专业物业服务的要求较高，要求管理者有系统的物业服务与经营理论、服务意识与操作技能，它最能反映现代物业服务的本质。

一、商业中心物业的特点

1. 商业用途精心规划，空间布局合理设计

随着我国经济的快速发展，商业的现代化水平也在不断提高，现在各大城市涌现了一大批商业中心物业。可以说商业中心物业和人们生产、生活关系十分密切，因此，对商业中心物业建设合理化的要求也越来越高，对商业中心物业的布局、规模、功能、档次等方面都要求更加合理，更加适合经济发展的要求。所谓规划设计合理，就是符合经济发展规律与现实条件，并能够创造合理的经济效益。商业中心物业的建设一定要与周围地区的人口、交通、购买力、消费结构、人口素质、文化背景等特点紧密联系起来，要因地制宜地规划设计方案，规模可大可小，功能宜多则多，宜少则少，档次宜高则

高，宜低则低，即一切从商业中心物业的实际情况出发。

2. 建筑结构设计具有特色

随着人们生活水平的提高，人们的购买习惯已发生了质的变化，都希望在舒适、高雅、方便、布置得富丽堂皇的气氛中无拘无束地购物，追求购物的享受和乐趣。因此，商业中心物业在设计时就要下功夫，务必求得特色，在外观上要突出商业中心物业的个性及地区特色，以给顾客留下较深的第一印象。对于商业中心物业的内部设计也要竭尽所能，进出口处都要有鲜明的标志，有条件的可以在内部配置一些像喷泉、瀑布、阳光走廊等的小景点，而且内部装修颜色要协调，布局比例要恰到好处，令人赏心悦目、流连忘返。

3. 选址和规模符合不同层次的需要

商业中心物业的设施要依据城市人口的数量、密集程度、顾客的多少，分散与集中兼备。在大城市中，由于常住的和流动的人口多，居民消费水平也高，因而所需要的商业、服务业的设施也就越多、越齐全，物业档次的要求也就越高。

4. 具有良好的商业氛围

商业中心物业的经营就是要吸引消费者。所以，首先，商业中心物业要具备良好的地理位置和便利的交通条件，如有便捷的公共交通、足够的停车位，甚至免费接送车；其次，经营者还要利用市场聚集效应，如通过成行成市的商业布局来扩大有效商圈的辐射范围；最后，经营者还要利用户外广告、霓虹灯饰和巨幅门店招牌来营造营业气氛，吸引消费者的眼球。

5. 保持良好的商业环境

良好的商业环境是提高物业收益率的保证之一。许多著名的商业中心和商业街，虽然经营的历史久远，但仍长盛不衰，除了其良好的商业信誉外，更为重要的原因之一就是其能不断地更新设施、设备，以保持消费环境的舒适，长期地吸引众多消费者前来购物消费。

6. 具有较高的租赁比例

商业中心物业的价值是不能存储的，若一天没有租售出去实现收益，就会损失当天的价值。所以，很多商业中心物业的开发商或管理商把物业的全部或大部出租给中小商户进行经营活动，以收取租金作为投资收益。商业中心、批发市场、专业市场等商业中心物业绝大多数是出租铺位或摊位。很多开发商建成商业中心物业后，希望将所有商铺销售出去，而对商铺的租赁不予重视，这种做法的后遗症比较严重，容易因为物业产权的过度分散而无法实现统一管理，最终导致商业中心物业的经营失败。

二、商业中心物业管理的特点和要求

1. 商业中心物业管理的特点

（1）重视楼宇及设备设施的管理

商业场所的楼宇及设备设施的管理是物业管理的一个重要组成部分，物业管理的主要职责就是接受业主的委托，管好、用好大楼的所有设备设施，使之能够保值、增值。它直接关系到商业场所中营业环境的优劣，是物业管理中比较复杂的内容。

（2）重视安全管理

商业中心物业中的客流量非常大，容易发生安全问题，因此，安全保卫人员实行 24 h 值班巡逻，另外，通过智能化监控系统对商场进行全方位监控，可为客户提供安全、放心的购物环境。

（3）注重营造商业氛围

在竞争越来越激烈的今天，商户往往很重视商厦的整体格调和品位，逐步强调温馨、自然、和谐的人文环境，物业管理者要注重每个细节的管理，在满足客户的购物需求的同时，给人以美的享受。

（4）靠服务质量赢得市场

随着市场经济的发展，人们生活水平的提高，人在需求物质生活的同时，更注重的是精神享受，尤其在市场竞争如此激烈的今天，人们在选择消费场所时更看中的是其服务质量。

2. 商业中心物业管理的要求

商业中心物业依靠形体环境来显示企业实力，增大知名度，扩大影响力，设法把顾客引进来。因此，对于物业服务企业来说就要认真做好广告宣传活动，扩大商业场所的知名度和影响力，树立良好的商业企业形象和声誉，以吸引更多的消费者前去购物。具体来说，其物业服务要求有如下三点：

（1）商业中心物业应具有良好的形象

商业中心物业一般都沿街建造，对市容有很大的影响，既要符合社会的实用要求，又要符合社会的美学要求。为此，具有良好形体环境既是商业特色和商界潜在的销售额，也是潜在的资产或无形的资产。

（2）建立商业中心物业识别体系

企业识别系统是强化商业企业形象的一种重要方式，它包括理念识别系统、视觉识别系统和行为识别系统，三者互相推进、互相作用，能产生良好的商业效果。企业识别系统是以改变企业形象、注入新鲜感、增强企业活力，从而吸引广大消费者的注意、提高销售业绩的一种经营手段。它的特点就是通过对企业的一切可视事务，即形象中的有形部分进行统筹设计、控制、传播，使商业中心物业的识别特征一贯化、统一化、标准化和专业化。具体做法是围绕商业中心物业周围的消费群体，以商业中心物业所特有的和专用的文字、图案、字体组合成的基本标志作为顾客和公众识别自己的特征。

（3）商业中心物业安全服务要求高

具体原因在于商业中心物业安全服务要求综合性强、服务性强、安全服务人员素质高。

1）综合性强。一些大型的商业区、商住区，建筑物类型复杂、楼层高、楼幢多、功能各异、建筑面积大、进出口多，而且物业区内公司多、商场多，人流量大、人员复杂，这些就给制定和落实安全措施带来一定困难。同时，众多单位又各有各的管理部门，物业服务企业不可能过多地干预，只能同各单位、租户、业主的主管部门及派出所等密切合作、相互配合，这样才能较好地完成管理工作。

2）服务性强。物业服务企业的治安管理工作实质上就是服务，就是为用户提供安全服务，为保障商业区内员工、客户的人身和财产安全服务。因此，作为安全人员，一定要树立“服务第一，用户至上”的思想，既要有公安人员的警惕性，又要有服务人员的热诚；既要坚持原则，按照制度办事，又要文明礼貌，乐于助人。

3）安全服务人员素质高。作为一名安全服务人员，不但要有较高的思想品德，还要求知法、懂法和会用法，不仅要坚持原则，依法办事，还要讲究处理问题的方法和艺术。安全工作除了与违法犯罪分子作斗争外，更多的是与违反规章制度的群众打交道，治安人员一定要区分清楚，不同对待，以免处理不当，陷入被动。

三、商业中心物业管理的内容

商业中心物业的物业管理服务有许多同办公楼宇相同和相仿之处。但是，商业中心物业的物业服务有许多特殊的地方，具体包括以下几点：

1. 建筑与设备、设施的养护及维修管理

商业中心物业的设备、设施管理是非常重要的，除了对机电设备必须保障正常运转外，特别要保证在营业期间不发生突发性的停电故障，避免引起营业现场的混乱，甚至发生伤人事件。另外，要把自动扶梯等的开关装置在顾客碰不到的地方。

2. 环境卫生及绿化管理

基本的保洁工作应安排在非营业时间，营业时间应避免使用长柄拖把，而宜用抹布擦拭，清场后必须把垃圾清理出现场，置放的绿化、盆栽植物要保持干净、鲜活，枯萎的要及时调换。

3. 安全服务管理

中央监控室的值勤人员要以高度的责任心监督火灾报警装置和电视监控与录像工作，电视监控要对楼内与广场同时进行，要制定防止火灾、抢劫偷盗、流氓闹事等突发事件和恶性事件的应急预案并组织一定规模的演习。

4. 广告管理

广告要执行《中华人民共和国广告法》的有关规定，楼宇内外的广告牌、条幅、悬挂物、灯饰等由租户提出设计要求后，统一由物业服务企业制作、悬挂或由租户按物业服务企业的规定进行制作后悬挂在指定的位置，橱窗展示宣传要由物业服务企业统一规划以保持格调一致和富有特色，保持橱窗玻璃明亮，灯光及时开关。

5. 装修管理

商业中心物业的装修十分频繁，要做到装修部位不会影响周围摊位的营业，在审批装修设计方案时，要密切注意温感器、烟感器、喷淋装置与送风方向的配置，在装修施工时还要密切注意这些设施是否被破坏，要提供装修咨询服务。

6. 租赁管理

大型商场中有不少是采用柜台出租和层面出租管理方式的，负责租赁经营的物业服务企业要以良好的管理服务业绩来推动租赁业务，负责管理服务的物业服务企业同样要以良好的管理服务业绩来促进经营单位的租赁业务，物业服务企业的现场管理部门，如经营部要加强各类合同、契约的起草、协调、实施和保管工作。

第 4 节　工业物业管理

工业物业的管理长期以来没有得到足够的重视，其管理往往落后于民用物业和商用物业的管理。随着现代企业的发展和新兴工业园区的开发，工业物业的管理日益成为物业服务企业新的利润增长点。

一、工业物业的分类

根据工业物业分类的依据不同，可将其分为不同的类别。主要有：

1. 按照适用性分类

工业物业按照适用性可以分为普遍性、特殊性和单一性三类。普遍性工业物业具有广泛的适用性，它可以适用于许多行业的生产及仓储等；特殊性工业物业受某种条件限制，仅适用于某些应用范围的物业，如要求带有很强绝缘（热）性质的仓储设施；单一性工业物业是只适合于某一类生产或某一类公司的物业，如钢铁厂，它一般无法改作他用。

2. 按照所处的地理位置分类

按照地理位置，可以将工业物业分为市场主导型、资源主导型和劳动密集型三类。市场主导型的企业主要面向私人和工业消费者，它依赖于强大的消费人群，对市场的发展趋势和市场气候变化特别敏感。这种企业的物业位置通常分布在能够较快、较经济地接触到消费者的地区。资源主导型企业的物业一般靠近原材料供应地，从而可节约可观的运输费用。那些使用大量煤炭或大批原料（如矿石）的企业都是资源主导型的企业。劳动密集型的企业，特别是需要大量简单操作工人的企业，最关心的是充足的劳动力和较低的工人工资。所以这类企业的物业一般集中在能提供大量操作人员而劳动力价格低廉的地区。

3. 按照传统的工业分类

按传统的工业分类，可以将工业物业分为重工业、轻工业、工业园区和仓储四类。

（1）重工业物业

重工业物业包括炼钢、汽车制造和炼油等行业的物业。便利的交通设施和合适的能源决定了这些工厂的位置，而且由于重工业物业必须设计得能够满足使用者的特殊需要，所以这类物业一般是由业主自己占用和管理的。

（2）轻工业物业

由于生产线和仓库规模不大，设计上没有太多的特殊要求，轻工业物业可用于各种用途。这就刺激了房地产商投资建设一些通用厂房，供轻工业生产商租用。轻工业物业可以由业主自己管理或交给专业物业服务企业管理。

在轻工业物业中，值得一提的是原来位于城市中心的旧厂房。这些厂房在城市发展的过程中的用途与城市的发展、土地的价格以及周围的环境等已不相适应。目前已有许多这样的厂房改作办公楼、商场、旅馆等，使得这些厂房的价值得到大大提升。在我国，大规模的城市建设正在全面展开，随着城市格局的改变，旧城区中心原来用于制造业的建筑，正在被逐步改造成用于制造、办公、居住、仓储的物业组合，这为富于创造性和雄心勃勃的物业管理人员提供了独特的机会。

（3）工业园区物业

由于城市人口大量迁离市中心、交通设施的发展和一些工业用户对宽敞办公室的需要，加上郊区的土地相对容易得到并且价格便宜，使得工业园区提供一层楼的厂房、仓库、宽敞的停车场地以及优美的环境成为可能，这些都促进了用于轻工业发展的工业园区的建立。现在流行的工业园区不像过去将办公、制造、仓储等分开，而是提供一个办公和生产的组合，或者提供一种可以根据需要作不同分割的空间，这种被称作“孵化器式”的空间是为满足成长型公司的变化需要而专门设计的。

（4）仓储物业

由于其功能相对简单，一般不需要太多的管理，所以，仓储物业通常是由业主和租用者根据租约的规定共同管理。近年来，由于建造成本的提高及土地的稀缺，世界上一些发达国家流行现代化的小型仓储设施。这些小型仓储设施除了服务于小型的工业企业以外，也有建在商店区和居住区附近，为商业用户或居住用户服务的。这些设施通常会由附近的专业物业服务企业管理。

二、工业物业管理的特点和原则

工业物业管理是指物业服务企业对工业物业区内厂房、仓库等房屋建筑及其附属的设施、设备的管理以及各种综合性服务的管理。

1. 工业物业管理的特点

（1）生产用房的管理是工业物业管理的重点

工业物业一般以生产用房为主，辅以办公用房、生活用房和各种服务设施，如银行、邮局、餐饮、娱乐场所等。一般生产用房或出租或出售，由不同的企业使用。由于各生产企业都有其特殊的行业特点，专业性很强，因此，要求管理者要了解不同行业的有关知识，有针对性地制定具有权威性和约束力的管理规定，统一规范和协调各企业的生产经营行为，维护辖区内正常的生产经营秩序。

（2）辅助配套的管理工作多样复杂

工业生产离不开辅助配套设施，有的企业又是 24 h 连续生产，与之相配套的辅助部门也要作相应的安排，如门卫、餐厅、浴室、动力供应和仓储运输等，以保证一线生产的正常进行；对有毒有害和易燃易爆危险品的仓储运输，以及三废的排放处理要有严格的管理办法和监督措施；为防止超负荷使用动力，要组织协调，制定限额使用的规定等。

（3）险情的出现难以预料

工业物业因使用不当和使用频繁，造成房屋损耗，以致带来结构的变化，险情的出现难以预料。例如，笨重的机器和存量过多的货物，使重量超过楼面结构的负荷；机器开动造成振动，房屋损耗严重；电梯高频率地使用，以及电器和其他设备，如配电装置和水泵等，由于超负荷运转而易损坏，使保养费增高。

（4）清洁工作难度较大

工业物业由于使用功能的特殊性，生产用房往往难以保持清洁。如厂房内机器的油污容易弄脏走廊等地方，生产过程中排放的有害气体、尘埃等要花费大量的人力、物力、财力来清除，给环境卫生和环境保护带来了困难。

(5) 治安保卫和消防工作要求高

很多生产企业是高科技型的，生产高精尖产品，从原材料到产出品不仅价格昂贵，而且技术保密性强，因此必须加强安全防范措施，从内到外，建立一套有效的制度。作为生产企业，会使用和接触一些危险品，如管理不善，则可能发生火灾爆炸事故。消防工作应坚持以预防为主，配备足够的消防设施和器材，24 h专职消防人员值班，严防火灾的发生。

(6) 需提供多方位的社会化服务

工业物业除需加强生产用房的管理外，其他类型的房屋，如办公楼宇、住宅等的管理也不容忽视。物业管理单位除负责一般共同设备、公用设施、环境的清洁、园区的安全、庭园绿化等常规性工作外，还可以经营餐厅、浴室、医务室、自选商场以及小百货等配套服务。一方面可为用户提供方便，解决后顾之忧；另一方面可以增加经营收入，增强自己的经济实力和企业形象。

2. 工业物业管理的原则

工业物业以生产用房为主，但也有与之相配套的办公用房、生活用房和各种服务设施。所以，在管理方面，它既有与办公楼宇、居住用房相同之处，也有不同的地方。工业物业的管理应遵循以下几个原则：

(1) 统一管理与独立管理相结合的原则

工业物业区域内，往往有一个统一的物业管理机构负责区域内治安保卫、清洁卫生、庭园绿化、消防安全、设备设施维修保养等日常管理工作。但是，工业物业往往集生产用房、办公用房、生活用房、商业用房于一体，而且又因权属不同而各异，必然给物业的统一管理带来困难。所以，工业物业的管理应遵循“统一管理与独立管理相结合”的原则。所谓“统一管理”，就是在整个区域内有一个管理机构，负责区域内公共部位的各种管理工作，协调各业主及物业使用人的关系。所谓“独立管理”，就是在各类用房中，有独立的管理机构，即使在同一类型的房屋中，也可能有不同的管理机构。如生产用房，各生产单位可能是相对独立的区域或楼宇，因此有自己内部的管理机构，内部管理机构除尽职尽责管理好辖区的事务外，应协助整个工业物业区域内的统一管理机构做好各项工作。

(2) 专业管理与自治管理相结合的原则

工业物业或出售或出租，因此可以像居住物业那样，成立“业主委员会”。业主委员会对区域内重大问题做出决策，并有权选聘物业服务企业对物业进行统一的管理。作为专业管理机构，物业服务企业的水平影响着工业物业的生产环境、工作环境和居住环境，影响着物业的保值和升值。遵循“专业管理与自治管理相结合”的原则，按照业主的要求和标准实施专业管理，有助于提高生产效率。

（3）物业管理与经营服务相结合的原则

物业管理的现行模式是“统一管理、综合服务”。工业物业一般建在城市的远郊，远离大城市，生活有诸多不便之处。因而物业区域内建造了生活用房、商业用房。尽管如此，一个工业物业区域比一般居住小区要大，要满足不同业主和物业使用人的要求，势必还有一定的差距。物业服务企业在实施管理时，应急客户之急，提供各类经营性服务，做好广大业主和物业使用人的“后勤部队”。总之，工业物业，特别是标准工业厂房、工业园区，是我国改革开放后出现的新生事物，管理好这类物业，是物业管理行业不容推卸的责任。

三、工业物业管理的内容

1. 工业区各单位的内部管理

按工业区内工业物业买卖或租赁合同的规定，各企业单位、车间要履行各自的权利和义务，管理好各自使用的建筑物。此外，各企业应遵守以下几项规定：

（1）生产用物业不准用作生活居住；除经公安部门批准同意设立专用库房外，禁止在厂内堆放易燃、易爆、有腐蚀性的危险品和有害物品。

（2）各企业根据生产需要，对厂房和仓库进行分割改造和内部安装设备时，不可损坏楼面结构和超过楼面允许的荷载。施工前应与管理者联系，并提供图纸，经有关部门会签后方可进行施工。

（3）各企业应按照楼层的承受负荷要求放置设备和货物，如有超载放置而引起楼层损坏者，管理者有权要求有关企业修复到正常状态，由此造成的损失由责任企业负责。

（4）因使用水电不当而造成其他企业损失的，其损失由责任者承担。

（5）物业服务企业可以要求各企业的工业废弃物自行妥善处理，不得向外倒放，也可以由物业服务企业指定专业部门集中处理废弃物。

2. 工业区公用部位的管理

（1）为确保厂房和仓库与附近建筑物群体协调，满足给排水要求、消防安全规定及生产和人员安全，各企业不得在红线范围内的基地上或屋顶、外墙、技术层搭建和安装设备，要在外墙及屋顶上设置企业标志和广告，应事先向管理部门申请，经协调、批准后方可实施。

（2）为确保文明生产和环境绿化，无论购买或租赁厂房和仓库面积多少，均不可占用园林绿地面积。

(3) 为确保公共场所的清洁卫生，各企业要加强对员工的教育，对违反环卫保护规定的，由责任者负责。

(4) 各企业不得以任何形式占用在购买或租赁合同中明确的共用部位。

(5) 各企业应教育员工爱护共用部位的房屋结构和设备，如人为损坏，由责任者负责。

(6) 厂房和仓库的公共场地，除由物业服务企业协商确定停放自行车和汽车外，各企业不得堆放货物等东西。

3. 工业区设施、 设备管理

工业区设施和设备大体可分为工业生产专用设施和设备、工业生活共用设施和设备以及工业物业附属设施和设备三大类。工业生产专用设施、设备，如钢铁厂的炼钢炉、机械加工厂的各类机床等，其管理的专业性强，应由工业企业自管；工业生活共用设施和设备以及工业物业附属设施和设备（以下简称为工业物业设施、设备），如供水、供电、供气、供暖、通信等通用的设施和设备，可委托物业服务企业管理。工业物业设施、设备管理应建立健全工业物业设施、设备的使用、维护保养制度，保证工业物业设施、设备的正常运行，定期维护保养。

4. 工业区环境管理

(1) 工业区环境污染的管理

工业区污染主要有空气、水、固体废弃物、噪声、电磁等污染来源。工业区环境污染防治既要求工业区内各有关单位认真执行国家有关环境保护的法律、法规以及环保部门的监督、检查等，还需要物业服务公司结合实际情况，制定工业区内污染防治制度，并监督各企业认真执行，避免或减少工业区内环境污染事故的发生。

(2) 绿化和保洁工作

绿化和保洁工作既是治理环境污染的有效措施，也是提高环保质量的有效途径。工业区内的绿化能够净化空气、防尘、防噪声、改善工业区内小气候，并美化人们的工作、生活环境。

(3) 做好公共设施管理

公共设施是工业区物业的一个重要组成部分。公共设施一旦遭到破坏或损坏，便会影响人们正常的办公和生活。

(4) 建设适宜的工业人文环境

物业服务公司应开展人文环境的建设和管理。适宜的人文环境应该是和睦共处、互帮互助的生活环境，互利互惠、温馨文明的工作环境以及融洽和谐、轻松有序的办公环境等。适宜的人文环境可以焕发热情，提高工作效率，对社会治安状况的好转也有极大的促进作用。

（5）建设各类环境建筑小品

环境建筑小品的内容十分广泛，其种类、造型、规格、质地可根据实际需要而设计，但应注意不要强求样样俱全。环境建筑小品具有方便耐用、美化环境、组织空间的功能。

5. 工业区治安管理

治安管理的目的是保障物业服务公司管理区内的财务不受损失、人员不受伤害，维护正常的生产、生活秩序。

6. 工业区消防管理

（1）工业区消防管理的目的和方针

消防管理的基本目的是防止工业区发生火灾，最大限度地减少损失，为工业区业主单位、职工、住户的工作、生活提供安全保证，增强他们的安全感，保护其生命财产的安全。

消防管理的方针是“预防为主，防消结合”，要求消防工作在思想上要把预防火灾放在首位，从人力、物力、财力、技术等方面做好灭火的预防工作，确保物业的安全使用。

（2）工业区消防管理的内容

第一，定期训练专职消防员，建设高素质的消防队伍。第二，制定完善的消防制度。第三，管理和维护好消防设备和器材。第四，定期进行消防安全检查和消防演习。第五，保持消防通道畅通无阻，一旦发生火警，能及时疏散人群。第六，制定紧急情况下的应急预案。第七，及时处置消防安全事故。

7. 工业区车辆管理的内容

（1）建设合适的停车场、棚、库房。

（2）配置相应的监控、防盗设施。

（3）建立健全车辆管理制度。

（4）检查、放行进出门卫的车辆。

（5）保证车辆在工业区内的正常行驶和停放。

8. 工业区物业管理服务

工业物业管理服务，主要是做好各项保障工作，如材料、物资、设备、工具的供应保障；工作生活设施及工作条件的保障；自然环境和社会文化环境的保障等。工业物业管理服务是物业管理单位的一个利润增长点，做好这方面工作对拓宽物业服务企业经营渠道具有重要意义。

思考与练习

1. 简述居住物业的功能及其特点。
2. 居住物业管理的主要工作有哪些？
3. 简述写字楼物业管理的特点。
4. 写字楼物业管理的方式有哪些？
5. 写字楼物业管理的主要工作有哪些？
6. 简述商业中心物业管理的特点和要求。
7. 商业中心物业管理的主要工作有哪些？
8. 简述工业物业管理的概念和特点。
9. 工业物业管理的主要工作有哪些？

第6章　物业商务管理

第1节　物业服务费用管理

保证日常物业管理工作正常运转的资金来源主要是靠收取物业管理服务费。物业服务企业按收费管理规定，根据所提供服务的性质、特点、档次、内容、质量等测算确定物业管理收费标准，并报物价部门备案批准后执行或与业主协商约定。物业服务企业向业主和物业使用人收取的物业管理服务费用是其长期稳定的收入来源。

一、物业服务费用的内容

物业服务费用是指物业服务企业按照物业服务合同的约定，对房屋及配套的设施设备和相关场地进行维修、养护、管理，维护相关区域内的环境卫生和秩序，向业主所收取的费用。物业服务费用的构成一般包括以下部分：

1. 管理、服务人员的工资、社会保险和按规定提取的福利费

是指物业服务企业向所聘用的管理、服务人员按月发放的工资和按工资的14%提取的职工福利费。具体包括基本工资、津贴、福利基金、保险金、服装费及其他补贴等，不含奖金。

2. 物业共用部位、共用设施设备的日常运行、维护保养费

主要是指门厅、楼梯间、电梯间、走廊通道、室外墙面、屋面、供水管道、排水管道、照明灯具、电梯、邮政信箱、避雷装置、消防器具、道路、绿地、停车场库、化粪池、垃圾箱等的维修养护费用及公共照明费等。

3. 物业管理区域清洁卫生费

是指物业管理区域内公共区域的清洁卫生费，包括清洁用具、垃圾清理、水池清洁、消毒灭虫等费用，有时还包括单项对外承包费，如化粪池清掏等。

4. 物业管理区域绿化养护费用

是指物业管理区域绿化的养护费用及开展此类工作所购置的绿化工具及绿化用水、

农药、化肥、杂草清运、补苗等费用。

5. 物业管理区域秩序维护费用

是指物业管理公共区域的秩序维护费，包括安全监控系统、设备、器材的日常养护费等。

6. 办公费用

是指物业服务企业开展正常服务工作所需的有关费用，如交通费、通信费、低值易耗办公用品费、节日装饰费、公共关系费及宣传广告费等。

7. 物业服务企业固定资产折旧费

是物业服务企业拥有的各类固定资产，如交通工具、通信设备、办公设备、工程维修设备等按其总额每月分摊提取的折旧费用。

8. 物业共用部位、共用设施设备及公众责任保险费用

为从经济上保障物业管理区域内水、电、电梯等设施遭受灾害事故后能及时进行修复和对伤员进行经济补偿，物业服务企业必须对这些建筑物及设备设施投财产保险和相关责任保险，对于险种的选择是由所管物业的类型、性质来决定的，但必须考虑业主的意愿和承受力。

9. 经业主同意的其他费用

经与业主协商，其同意包括在物业服务费中的内容。

上述费用均是直接用在日常的物业活动当中。另外，物业共用部位、共用设施设备的大修、中修和更新改造费用，不得计入物业服务支出或成本，应当通过专项维修资金予以列支。

二、物业服务费用的价格形式和计费方式

物业服务费用应当区分不同物业的性质和特点，分别实行政府指导价和市场调节价。按照目前国家政策法规的规定，业主与物业服务企业可以采取酬金制或者包干制等形式约定物业服务费用。

1. 价格形式

《中华人民共和国价格法》明确规定：国家实行并逐步完善宏观经济调控下主要由市场形成价格的机制。价格的制定应当符合价值规律，大多数商品和服务价格实行市场调节价，极少数商品和服务价格实行政府指导价或者政府定价。

市场调节价是由经营者自主制定，通过市场竞争形成的价格。这种形式是以市场形成价格为前提的，即由市场的供需情况来决定。

政府指导价是由政府价格主管部门或者其他有关部门，按照定价权限和范围规定基

准价及其浮动幅度，指导经营者制定的价格。这种价格形式可以达到控制价格水平的目的，经营者可以在基准价和浮动幅度范围内灵活地制定具体价格。

政府定价是由政府价格主管部门或者其他有关部门，按照定价权限和范围制定的价格，具有强制性。

《中华人民共和国价格法》还规定：与国民经济发展和人民生活关系重大的极少数商品价格、资源稀缺的少数商品价格、自然垄断经营的商品价格、重要的公用事业价格、重要的公益性服务价格，政府在必要时实行政府指导价或者政府定价。

2. 计费方式

（1）酬金制

物业服务费用酬金制是指在预收的物业服务资金中按约定比例或者约定数额提取酬金支付给物业服务企业，其余全部用于物业服务合同约定的支出，结余或者不足均由业主享有或者承担的物业服务计费方式。

物业服务费用酬金应以预收的物业服务资金为计提基数，计提基数和计提比例通过物业服务合同约定。在物业管理服务过程中产生的归属于业主的其他收入也可计提酬金，但应经业主大会同意并在物业服务合同中专门约定。其他收入包括产权归全体业主的停车场收入、成本费用在物业管理项目机构列支的其他经营收入等。实行物业服务酬金制的，预收的物业服务资金为所交纳的业主所有，物业服务企业不得将其用于物业服务合同约定以外的支出。

酬金制下，物业服务企业提供物业服务的经济利益仅仅局限于按固定的金额或比例收取的酬金，扣除酬金以及物业服务支出后结余的资金为全体业主所有。对业主而言，物业服务费用的收支情况较为透明，避免了收费与服务不相符的情况，保护了业主的合法权益；对物业服务企业而言，由于酬金是按照预收的物业服务资金提取，具有相对的固定性，可以使企业在一定程度上规避收支不平衡的经营风险。酬金制条件下，物业服务企业应当向全体业主或者业主大会公布物业服务资金年度预决算，并每年不少于一次公布物业服务资金的收支情况。物业服务企业或者业主大会可以按照物业服务合同约定，聘请专业机构对物业服务资金年度预算和物业服务资金的收支情况进行审计。

（2）包干制

物业服务费用包干制是指由业主向物业服务企业支付固定物业服务费用，盈余或者亏损均由物业服务企业享有或者承担的物业服务计费方式。实行包干制的物业服务企业在与业主签订物业服务合同时，应明确服务费额度、服务内容和服务质量标准，并明确在此前提下的盈余或亏损是由物业服务企业承担的，企业的经济效益与其管理服务、成本控制、经营运作能力紧密相关。在包干制下，物业服务企业作为一个独立的企业法人，自主经营、自负盈亏、风险自担、结余归己。但业主可以对物业服务企业是否按合同要求的内容和质量标准提供服务进行监督，对物业管理工作提出改进建议。物业服务企业应本着诚信公平的原则，主动接受业主监督，保证服务质量，并不断改进。

以包干制方式约定的物业服务费用，对业主而言，物业服务费是固定的，不会因市场短期波动、物业管理项目运作情况而发生变化；对物业服务企业而言，物业项目管理服务的利润不再是固定的，企业可以不断挖掘管理潜力，通过科学的管理运营实现服务质量和经营效益的同步增长，既保障业主利益又促进企业发展。

三、物业服务费用的收缴管理

1. 物业服务费用的收缴程序

物业服务费用的收取是一项重要工作，同时也是物业服务企业的一项经常性的工作。为了方便业主，同时也是为了提高物业服务费用的收缴率，物业服务企业应该做好物业服务费用的收缴工作，一般程序如下：

（1）核算费用

物业服务企业财务人员应当按照国家收费标准及地方性法规、产权人的产权面积等认真核算业主应该缴纳的费用。

（2）发放收费通知单

物业管理人员应当及时将收费通知单送达业主或物业使用人手中，并要求业主或物业使用人亲自签收。通知单上要包括业主姓名、应缴纳费用数额、对应月份或年份、缴纳时间等内容。

（3）实施收费

物业服务企业财务部门的工作人员应做好准备工作，按照规范的工作流程收取物业服务费。收费人员应做好现金真伪的检查，以防造成不必要的损失。通常采用业主上门缴纳、物业管理人员上门收缴、智能化系统收费等形式来收取物业服务费用。

2. 物业服务费用的追缴程序

如果业主未能按期缴纳物业服务费或者故意拖欠服务费，物业服务公司财务部门应及时进行追缴。对未缴费或拒缴费业主，物业服务企业应当区别不同情况具体分析区别对待。

（1）对未能按时缴费的业主，物业服务企业财务部门应做好统计并及时了解其未缴费原因。分析是恶意欠费还是有客观原因，若属于主观欠费的情况，物业服务企业应当将追缴责任落实到物业管理人员，可以上门催缴，或要求业主委员会委员与业主沟通，从业主的角度出发，阐明物业管理费用是为物业管理区域提供正常生活秩序和保障物业服务标准的基本前提条件，不缴费实际上也是侵犯了其他缴费业主的合法权益。

（2）对再次催缴仍未缴纳费用的业主，物业服务企业应列出重点清缴对象，必要时可以采取法律措施，但一方面也要了解业主未缴费的原因，替业主着想，争取得到业主的理解和配合而主动缴费；另一方面也要向其宣传物业管理方面的法律法规知识，使其明白按期缴纳物业服务费是一项义务，同时也是物业服务企业应享有的权利。

（3）对多次追缴仍不缴费的业主，物业服务企业可责令其限期缴纳，逾期仍不缴纳的，可以依据相关规定，对其发送律师函，通过法律程序追缴所欠物业服务费用以及相关损失。物业服务企业应注意保存催缴过程中的相应书面记录，这是实施法律程序所需要的重要物证。

3. 追缴物业服务费用的法律手段

采用法律手段来追缴物业服务费用是物业服务企业在没有办法的情况下才采取的措施，面对欠费业主，物业服务企业如果通过督促、沟通、协商等手段仍未解决欠费情况，可以采取法律诉讼手段来解决。

由于物业服务收费问题产生的纠纷相当普遍，被公认为是物业管理活动中的一大难题。物业服务企业应当采取适当的措施来收取，避免双方引起不必要的纠纷，并确保双方的利益和物业服务活动的连续性。由于采取法律手段是不得已而为之的“下策”，毕竟既费精力又费财力，况且日后还要每天面对业主，因此还是谨慎行事，避免尴尬。

4. 物业服务费用收取与使用的原则

由于物业服务费用是依法从业主手中收取的，与业主的利益息息相关，因此，它的使用一定要参照国家法律法规的相关规定，不得随意收取和使用。一般应遵循以下原则：

（1）明码标价的原则

物业服务企业应当按照政府价格主管部门的规定实行明码标价，并出示在物业管理区域内明显的位置，可采取公示栏、公示牌、收费表、收费清单、收费手册、多媒体终端查询等方式将服务内容、服务标准以及收费项目、收费标准等有关情况进行公示。

建设单位与物业买受人签订的买卖合同，应当约定物业管理服务相关内容、服务质量标准、收费标准、计费方式及计费起始时间等内容，涉及物业买受人共同利益的约定应当一致。

（2）专款专用的原则

收取的物业服务费用以及专项维修基金要依法用于物业管理活动中，任何人和单位不得私自挪用，否则将依照相关规定进行纠正。

（3）质价相符的原则

《物业服务收费管理办法》（发改价格［2003］1864号）中明确规定：物业服务收费应当遵循合理、公开以及费用与服务水平相适应的原则。也就是说一定要“质价相符”。在实际操作中，物业服务的收费标准不能单单根据业主的承受能力来确定，更不能依据物业服务企业的意愿，而是要结合物业本身的类型、档次、规模、提供服务的质量等多方面因素来综合确定。

（4）依法收费的原则

在物业管理收费过程中不能凭个人的主观意志来决定相关事项，而是要严格按照国家有关法律、法规及相应文件内容来执行。如《物业管理条例》《物业服务收费管理办法》《物业服务收费明码标价的规定》（发改价检［2004］1428号）以及签订的《物业服务合同》等均为具体操作时的主要法律依据。

（5）有偿服务的原则

业主或物业使用人是物业管理服务的直接受益人，因此应当承担相应的物业服务费用，这是市场经济条件下的必然规律。物业服务企业应当最大限度地开展各项服务，根据服务的种类、质量的不同制定相应的收费标准，实行有偿服务来满足业主的需求，坚持这一原则能更好地体现等价交换的商品价值规律。

第2节　物业专项维修资金管理

住宅物业、住宅小区内的非住宅物业或者与单幢住宅楼结构相连的非住宅物业的业主，应当按照国家有关规定缴纳专项维修资金。设定专项维修资金的目的，主要是用于物业保修期满后物业共用部位、共用设施设备的维修更新和改造，这是保障物业管理区域内共用设施设备、共用部位完好使用和维护业主长远利益的必要措施。

一、专项维修资金的概念

专项维修资金由业主或物业使用人缴纳，是专项用于物业共用部位、共用设施设备保修期满后发生损坏时，进行中修、大修、翻新和更新改造等所需储存的资金。专项维修资金又称物业的养老金，属业主所有，物业服务企业的管理和使用属于代管性质，不得挪作他用。

建立专项维修资金，将有利于提高和保持房屋完好性，延长房屋的使用寿命，有利于城市统一规划，美化市容市貌，为广大业主提供舒适的生活环境，进而达到物业保值、增值的目的。

二、专项维修资金的筹备

物业专项维修资金的筹集来源主要有：

1. 法规规定的费用

按照建设部、财政部第165号令《住宅专项维修资金管理办法》的规定，商品住宅的业主、非住宅的业主按照所拥有物业的建筑面积交存住宅专项维修资金，每平方米建筑面积交存首期住宅专项维修资金的数额为当地住宅建筑安装工程每平方米造价的5%至8%。在出售公房时，业主按照所拥有物业的建筑面积交存住宅专项维修资金，每平方米建筑面积交存首期住宅专项维修资金的数额为当地房改成本价的2%。售房单位按照一定比例从售房款中提取，原则上多层住宅不低于售房款的20%，高层住宅不低于售房款的30%，该部分专项维修资金属于公有住房售房单位所有。

2. 物业服务费结余的费用

物业服务费在运行中可能产生结余，如果有连续几年或者年度出现较大数额的结余时，除可在管理预算中调整外，也可经业主大会同意设定一定比例纳入专项维修资金。

3. 业主大会中决定分摊的费用

根据物业维护保养的需要，在大、中修和更新改造费用不足时，由业主大会决定向全体业主续筹的资金。

4. 业主共用物业的收益

物业管理区域内的共用部位、共用设施设备，有些可以用来经营，获得收益，经业主大会同意，可将收入的一部分用于补充专项维修资金。

5. 社会捐赠或政府拨款的费用

由社会各界捐赠或政府根据某种情况给予政策性拨付的费用。

三、保障专项维修资金归集的办法

目前，有部分业主尚未缴交专项维修资金，导致物业无法进行正常的维修，而物业服务企业垫付维修费用后，又很难向未缴交专项维修资金的业主收回其应分摊的份额，给物业管理带来困难。很多物业往往因此延误了维修，甚至影响业主的生活和工作，对已缴交专项维修资金的业主来说，很不公平。因而必须采取措施保障专项维修资金的归集。

1. 行政主管部门配合

地方行政主管部门可根据各地方的实际情况制定地方行政法规，保障专项维修资金的归集和账户的建设。例如，某地方行政主管部门采取不缴纳专项维修资金不予办理房产证的做法，规定业主在办理以下任一项手续之前必须自行或委托他人缴付专项维修资金：交易签证、收楼、领取房产证。规定购房者缴纳维修资金的总额为购房款的2%，首期缴纳的维修资金标准为：住宅（含别墅）建筑面积的40元/m^2，非住宅建筑面积50元/m^2。不足购房款2%的部分，则由购房者按业主大会决定的方案缴纳。规定业主将专项维修资金交到中国农业银行的营业网点，并领取自己的专项维修资金卡，之后可随时在农业银行的营业网点柜台或ATM柜员机上查询余额。

2. 物业服务企业配合

物业专项维修资金的归集关系到物业共用部位和共用设施设备维修时是否有足够的资金投入，用于保证及时、正常地进行维修。物业服务企业负有对共用部位和共用设施设备维修的责任，必须对专项维修资金的筹集高度关注。

四、专项维修资金的管理

《物权法》第七十九条规定："建筑物及其附属设施的维修资金，属于业主共有。经业主共同决定，可以用于电梯、水箱等共用部分的维修。维修资金的筹集、使用情况应当公布。"专项维修资金应当在行政主管部门指定的银行专户存储，专款专用。对于如何使用专项维修资金，《物权法》第七十六条明确规定，筹集和使用建筑物及其附属设施的维修资金由业主共同决定，应当经专有部分占建筑物总面积2/3以上的业主且占总人数2/3以上的业主同意。专项维修资金因支付维修费用而至余额不足时，业主大会决定续筹方案，由业主补充专项维修资金。所以，专项维修资金的使用是按照业主的意愿去做的。例如，某市专项维修资金的使用实行业主决策、主管部门备案的做法。对于物业是否维修、如何维修、如何分摊到户，由业主决策，主管部门备案监督，对于较大项目，要求物业服务企业组织招标，招投标工作应接受业主、业主委员会和行政主管部门的监督。

在业主大会成立前使用专项维修资金时，由物业管理单位提出使用计划，经当地房产行政主管部门审核批准后划拨。业主大会成立后，专项维修资金的使用由物业管理单位提出年度使用计划，再经业主大会审定后实施。物业管理机构发生更迭时，代管的维修资金账目经业主大会审核无误后，应当办理账户转移手续。在业主转让房屋所有权时，结余维修资金不予退还，随房过户。房屋拆迁或房屋灭失的，维修资金代管单位应当退还业主个人的账面余额。

第 3 节　物业服务合同管理

物业服务合同是物业管理活动产生的契约基础。物业服务企业是基于物业服务合同的约定为业主提供物业管理服务，物业服务合同确立了业主和物业服务企业之间被服务者和服务者的关系，明确了物业管理活动的基本内容。

一、前期物业服务合同

1. 前期物业服务合同的概念

前期物业服务合同是指物业建设单位与物业服务企业就前期物业管理阶段双方的权利义务所达成的协议，是物业服务企业被授权开展物业管理服务的依据。

《物业管理条例》第二十一条规定："在业主、业主大会选聘物业服务企业之前，建设单位选聘物业服务企业的，应当签订书面的前期物业服务合同。"前期物业服务合同的当事人不仅涉及建设单位与物业服务企业，也涉及业主。

在实践中，物业的销售及业主入住是持续的过程。这个阶段要求 2/3 以上有投票权的业主投票形成业主大会来决定选聘物业公司是不现实的，而这个阶段的物业管理服务又是必需的。因此，为了避免在业主大会选聘物业服务企业之前出现物业管理的真空，明确前期物业管理服务的责任主体，规范前期物业管理活动，《物业管理条例》明确地规定前期物业管理服务由建设单位选聘物业服务企业。

2. 前期物业服务合同的特点

根据《物业管理条例》对前期物业服务合同的定义，前期物业服务合同具有以下特征：

（1）合同主体是建设单位和物业服务企业

由于在前期物业管理阶段，业主大会尚未成立，还不能由业主大会统一业主意见选聘物业服务企业，只能由建设单位承担选聘物业服务企业的责任，从法理角度来看也是许可的，由于建设单位根据国家相关法规购买了土地使用权，投入了巨资进行建设，在物业未销售之前，他是第一业主，是有权利行使选择物业服务企业权的。

（2）过渡性

《物业管理条例》明确规定了前期物业服务合同的期限，仅存在于业主、业主大会选聘物业服务企业之前的过渡期间内。而这一时期，物业销售、入住是渐进行为，可快可慢的不定性，带来了业主大会首次召开时间的不确定性，因此前期物业服务合同的期限通常也是不确定的。一旦业主大会成立，并选聘了物业服务企业，前期物业管理服务结束，前期物业服务合同也相应终止，这就说明前期物业服务合同是过渡性合同。

（3）要式合同

由于前期物业服务合同涉及的是广大未来业主的利益，为了防止建设单位侵占或者不了解未来业主的利益需求，原建设部2004年9月6日在总结以前物业管理合同示范文本的基础上，重新制定、颁布了《前期物业服务合同（示范文本）》，为建设单位选聘物业服务企业时所选用。

（4）可不约定合同终止时间

《物业管理条例》第二十六条规定，前期物业服务合同可以约定期限；但是，期限未满时业主委员会与物业服务企业签订的物业服务合同生效的，前期物业服务合同终止。因此，前期物业服务合同中可以不出现合同终止的时间。

3. 前期物业服务合同的内容

合同的内容就是合同的条款，是合同对当事人权利义务的具体规定。前期物业服务合同的内容就是通过合同条款反映建设单位与物业服务企业之间的权利义务关系，包含以下几个主要部分：

（1）合同的当事人

物业服务合同的当事人就是建设单位与物业服务企业，两者一般都是法人组织。

（2）物业基本情况

物业基本情况包括物业名称、物业类型、坐落位置、建筑面积等方面的内容。

（3）服务内容与质量

服务内容主要包括：物业共用部位及共用设施设备的运行、维修、养护和管理；物业共用部位和相关场地环境管理；车辆停放管理；公共秩序维护、安全防范的协助管理；物业装修管理服务；物业档案管理及双方约定的其他管理服务内容等。

（4）服务费用

服务费用包括：物业服务费用的收取标准、收费约定的方式（酬金制或包干制）；物业服务费用开支项目；物业服务费用的缴纳；酬金制条件下，酬金计提方式、服务资金收支情况的公布及其争议的处理等。

（5）物业的经营与管理

物业的经营与管理包括：停车场和会所的收费标准、管理方式、收入分配办法；物业其他共用部位、共用设施设备的经营与管理。

（6）承接查验和使用维护

承接查验和使用维护的主要内容是执行过程中双方责任义务的约定。

（7）专项维修资金

专项维修资金的主要内容包括这部分资金的缴存、使用、续筹和管理。

（8）违约责任

这部分内容主要包括违约责任的约定和处理、免责条款的约定等。

（9）其他事项

其他事项主要包括合同履行期限、合同生效条件、合同争议处理、物业管理用房、物业管理相关资料归属以及双方认为需要约定的其他事项等。

4. 前期物业服务合同与物业服务合同的衔接

前期物业服务合同与物业服务合同的衔接问题，关系到业主能否正常使用物业。如果没有安排好衔接工作，可能会发生前期物业服务合同的期限已经届满，而业主大会、业主委员会又没有选聘好物业服务企业的情况，此时就可能会造成物业服务的断档，从而影响业主对物业的正常使用。也有可能会出现前期物业服务合同的期限还没结束，但业主大会选聘了新的物业服务企业，并由业主委员会与其签订了物业服务合同，此时容易导致两家物业服务企业的冲突。为解决前期物业服务合同与物业服务合同的衔接问题，《物业管理条例》第二十六条规定，前期物业服务合同可以约定期限；但是，期限未满时业主委员会与物业服务企业签订的物业服务合同生效的，前期物业服务合同终止。根据物业管理的实践，前期物业服务合同一般在以下三种情况下终止：

（1）前期物业服务合同约定的合同期届满，则前期物业管理的截止时间为前期物业服务合同约定的合同终止时间。

（2）前期物业服务合同约定的合同期尚未届满，业主委员会另行选聘物业服务企业并签订物业服务合同，则前期物业管理的截止时间为另行选聘物业服务企业的物业服务合同锁定的起始时间。

（3）前期物业服务合同约定的合同期限届满，业主委员会尚未成立或尚未选聘任何物业服务企业，原物业服务企业可以不再进行管理，也可以与开发商继续签订前期物业服务合同，继续对物业进行管理。在继续进行管理的情况下，前期物业管理的截止时间为新的物业服务合同生效时。

5. 前期物业服务合同应注意的事项

（1）物业承接验收

物业共用部位、共用设施设备的承接验收是前期物业服务活动的重要环节。前期物业服务合同应当对物业共用部位、共用设施设备的承接验收内容、标准、责任等作出明确的约定。而对业主自有物业专有部分的承接验收则属于业主与发展商之间的问题，无须在合同中约定。

(2) 服务的费用

前期物业服务合同涉及的费用种类多，情况复杂，支付主体及责任容易混淆，易造成矛盾，必须在合同中予以列明。例如，应当由建设单位支付的费用不能转嫁给业主；对于由业主支付的费用部分，则应当注意是否符合国家法律法规的要求，并应当在物业销售前予以明示或约定。

(3) 物业服务合同的解除或终止

前期物业服务合同的履行受业主入住状况及房屋工程质量等各种因素的影响，合同的期限具有不确定性，当此类因素致使前期物业服务合同无法全面履行时，物业服务企业可以通过提前解除合同或要求补偿的方式规避风险。因此，有必要在前期物业服务合同中对解除合同的条件作出明确约定。

二、物业服务合同

1. 物业服务合同的概念

物业服务合同是指物业服务企业与业主委员会订立的，规定由物业服务企业对房屋及其配套设备、设施和相关场地进行专业化维修、养护、管理以及维护相关区域内环境卫生和公共秩序，由业主支付报酬的服务合同。

2. 物业服务合同的特征

(1) 物业服务合同是建立在平等、自愿基础上的民事合同

习惯上，物业服务合同又被称为物业管理合同，但它与行政机关为实现行政管理职权而与相关单位签订的行政合同具有本质的不同。

(2) 物业服务合同是一种特殊的委托合同

物业服务合同产生的基础在于业主大会、业主委员会的委托，但其与一般的委托合同又存在差异。根据《中华人民共和国合同法》第三百九十六条的规定："委托合同是委托人和受托人约定，由受托人处理委托人事务的合同。"委托合同是建立在当事人之间相互信任的基础上，委托合同的任何一方失去对对方的信任，都可以随时解除委托关系。而在物业服务合同的履行过程中，无论是物业服务公司，还是业主、业主大会、业主委员会，均不得以不信任为由擅自解除物业服务合同，只有在符合法律规定或合同约定的解除条件时，才可依法解除物业服务合同。此外，委托合同可以是有偿的，也可以是无偿的，可以是口头的，也可以是书面的，但物业服务合同只可能是书面的、有偿的。

(3) 物业服务合同是以劳务为标的的合同

物业服务企业的义务是提供合同约定的劳务服务，如房屋维修、设备保养、治安保

卫、清洁卫生、园林绿化等。物业服务企业在完成了约定义务以后，有权获得报酬。物业服务合同与涉及劳务提供的承揽合同也存在本质的不同。承揽合同是承揽人按照定做人的要求完成工作，交付工作成果，定做人给付报酬的合同。承揽合同虽也涉及劳务的提供，但承揽人提供的劳务只是一种手段，并不是合同的目的，承揽人应以其劳务产生某种物化成果，并承担工作中的风险，如承揽人未完成工作，则不得请求报酬；而物业服务合同以特定劳务为内容，只要物业服务企业完成了约定的服务行为，其余风险由业主承担。

（4）物业服务合同是诺成合同

物业服务合同自业主委员会与物业服务企业就合同条款达成一致意见即告成立，无须以物业的实际交付为要件。

（5）物业服务合同是有偿合同

物业服务企业是取得工商营业执照，参与市场竞争，自主经营、自负盈亏的以营利为目的的企业法人，没有无偿的物业服务，因此物业服务合同是有偿合同。

（6）物业服务合同是双务合同

根据物业服务合同的内容，业主、业主大会、业主委员会、物业服务企业都既享有权利，又履行义务，因此物业服务合同是双务合同。

（7）物业服务合同是要式合同

物业服务合同因其服务综合事务涉及面广且利益关系相当重大，合同履行期也相对较长，为避免口头合同取证困难的弱点，《物业管理条例》明确要求物业服务合同应以书面形式订立，并且须报物业管理行政主管部门备案，因此其为要式合同。

3. 物业服务合同订立的基本原则

（1）主体平等原则

合同当事人的法律地位平等，一方不得将自己的意志强加给另一方。任何民事主体在法律人格上都是一律平等的，享有独立人格，不受他人的支配、干涉和控制。只有合同当事人的人格平等，才能实现合同当事人的法律地位平等。合同当事人平等是商品经济的必然前提和必然产物，也是社会主义市场经济对交易秩序和经济秩序的基本要求。

（2）合同自愿（自由）原则

当事人依法享有自愿订立合同的权利，任何单位和个人不得非法干预。合同自愿原则又叫合同自由原则，是指当事人依法享有缔结合同、选择合同方式、决定合同内容、变更和解除合同的自由。实行合同自愿原则，并不排除国家对合同的适当限制。

（3）权利义务公平原则

公平原则规范合同当事人之间的利益关系，制约滥用合同自愿（自由）原则，要求形式的公平和实质的公平。合同的实质公平是指双方当事人的权利、义务必须大体相当的对等。对于显失公平的“霸王合同”和不利对方权益的“格式合同”，当事人有权要求法院或仲裁机关予以撤销或变更。

（4）诚实信用原则

又叫诚信原则，是民法、合同法最基本的原则，它是指民事主体在从事包括合同行为在内的民事活动时，应诚实守信，以善意的方式行使自己的权利和履行自己的义务，不得有欺诈行为。该原则具有确定行为规则、平衡利益冲突、解释法律和合同三大功能。

（5）守法和维护社会公益原则

当事人订立、履行合同，应当遵守法律、行政法规，尊重社会公德，不得扰乱社会公共秩序，损害社会公共利益。它是社会公共生活的基本原则。

4. 物业服务合同的内容

物业服务合同是规范物业管理各当事人之间权利和义务关系的文件。通常物业服务合同的主要内容如下：

（1）总则

总则是对物业服务合同的总体说明。总则中一般应当载明下列主要内容：

1）合同当事人，包括委托方（一般简称为甲方）和受托方（一般简称为乙方）的名称、住所和其他简要情况介绍。

2）签订本物业服务合同的依据，即主要依据哪些法律法规和政策规定。

3）委托物业的基本情况，包括物业的建成年月、类型、功能布局、坐落、四至、占地面积和建筑面积概况等。

（2）委托管理事项

委托管理事项，也就是具体负责哪些方面的内容，有哪些管理任务等。委托管理事项主要阐述管理项目的性质、管理项目由哪几部分组成等。一般来说，物业委托管理的管理事项主要有以下内容：

1）建筑物本体建筑的维修养护与更新改造。

2）物业共用设备、设施（如公用照明、中央空调）的使用管理、维修、养护和更新。

3）物业区域内市政公用设施和附属建筑物、构筑物的使用管理、维修、养护与更新。

4）附属配套建筑和设施，包括商业网点等的维修、养护与管理。

5）环境卫生管理与服务。

6）安全管理与服务（如治安管理、消防管理和车辆道路安全管理等）。

7）物业档案资料管理。

8）环境的美化与绿化管理，如公共绿地、花木、建筑小品等的养护、营造与管理。

9）供暖管理。

10）社区文化建设。

（3）管理服务费用

物业服务合同中的管理费用主要包括如下内容：

1）管理费用的构成，即物业管理服务费用包括哪些项目。

2）管理费用的标准，即每个收费项目收费的标准。

3）管理费用的总额，即合计每建筑面积或每户每月（或每年）应缴纳的费用总计。

4）管理费用的缴纳方式与时间，即是按年、按季还是按月缴纳，是分别还是汇总缴纳，以及缴纳的日期等。

5）管理费用的结算，即缴纳的费用以人民币结算，还是以某一种外币结算。

6）管理费用标准的调整规定，即管理费用调整的办法与依据等。

7）逾期缴纳管理费用的处理办法，如处罚标准与额度等。

8）专项服务和特约服务收费的标准。

9）公共设备维修基金的管理办法等。

（4）合同双方的权利与义务

不同的物业，其物业管理的项目和具体的内容也不同，物业管理服务的需求和双方的权利与义务也不可能完全一致。所以，对于不同类型的物业，合同双方都要根据该物业的性质和特点，在物业服务合同中制定出有针对性的、适宜的权利与义务关系。

（5）管理服务质量

明确物业管理服务的要求和标准，对于合同双方来说都是有益无害的。它既有利于物业服务企业提高管理效率和管理水平，从而增强市场竞争力，也有利于业主做到胸中有数，针对明确的监督参考标准，更好地实施对物业服务企业的监督、检查。

（6）合同期限

合同期限是指当事人履行合同和接受履行的时间。物业服务合同期限一般应根据各地的实践经验以及具体的实际情况而定，但一定要明确合同的起止时间。当然，这个起止时间一定要具体。实际中经常规定到某日的 24 时止。另外，还要规定管理合同终止时物业及物业资料如何交接等问题。

（7）违约责任

所谓违约责任，是指合同一方或双方当事人违反合同规定的义务，依照法律规定或合同约定过错一方当事人所应承担的以经济补偿为内容的责任。违约责任应尽可能制定得具体明确。

(8) 附则

附则一般记录合同双方对合同生效、变更、续约和解除的约定。通常应注明以下内容：

1) 合同何时生效，即合同的生效日期。

2) 合同期满后是否续约的约定。

3) 对合同变更的约定。

4) 合同争议解决办法的约定。

5) 当事人双方约定的其他事项。

5. 物业服务合同的签订

对于新竣工的物业而言，一般委托管理合同先由房地产开发商与物业服务企业签订前期物业服务合同，然后在成立业主大会、业主委员会后由业主委员会与物业服务企业签订《物业服务合同》。如果业主大会决定选聘新的物业服务企业，业主委员会就不会与前期介入的物业服务企业续签委托合同；即使业主大会同意与原来的由房地产开发商选聘的、前期已介入的物业服务企业续签委托管理合同，它也可能会对原委托管理合同做出一定的修改，即对《前期物业服务合同》修改后形成新的《物业服务合同》。由此可见，房地产开发商的最初委托只是一种临时性的安排，而业主大会的委托才是最终的决定。若招标物业是已使用过的物业，则委托管理合同将直接由业主委员会与中标的物业服务企业签订。

6. 物业服务合同的履行

合同的履行是指合同双方当事人正确、适当、全面地完成合同中规定的各项义务的行为。物业服务合同的履行不仅是指签订合同双方最后的交付行为，而且还包括双方一系列行为及其结果的总和。物业服务合同的履行通常在法律上规定为全部履行，即当事人必须按照合同规定的标的及其质量、数量，由适当的主体在适当的履行期限、履行地点，以适当的履行方式，全面完成合同中规定的各项义务。

7. 物业服务合同的变更

在物业服务企业接管物业之后，可能会由于业主的其他要求或环境的变化，导致合同部分内容不再符合实际，此时应由物业服务企业与业主委员会商议，对委托服务合同及时进行修改。

8. 物业服务合同的解除

合同的解除是指由于发生法律规定或当事人约定的情况，使得当事人之间的权利和义务消灭，从而使合同终止法律效力。

合同无论是当事人双方协议解除还是依据法律规定解除，均须遵照一定程序。协议解除应在双方达成一致协议的基础上经过签约和承诺两个阶段，方可使解除行为产生效力。若法律规定了特别程序的，则应遵守特别程序规定。合同解除后，尚未履行合同终止履行；已经履行的，根据履行情况，当事人可以要求采取补救措施，并有权要求赔偿损失。

思考与练习

1. 物业服务费用由哪些部分构成?
2. 什么是酬金制? 它的适用范围是哪些?
3. 物业服务费用收取应遵循什么原则?
4. 专项维修资金的管理包括哪些方面?
5. 物业服务合同的内容包括哪些方面?